Le Sommeil et le Rêve

Michel Jouvet

Le Sommeil et le Rêve

Éditions Odile Jacob

EN COUVERTURE :
Tableau de Mihail Chemiakin 1974.
Portrait de V. Panov, détail (D. R.)

ISBN 2-02-019609-3
(ISBN 2-7381-0154-2, 1re publication)

Avant-propos

L'étude objective de l'activité onirique appartient encore, par certaines de ses démarches, au XVIIIe siècle où régnait le merveilleux pour comprendre les mystères de la génération ou le dialogue de l'âme avec les « esprits animaux » pour expliquer les rêves. Que nous soyons ignorants à ce point du fonctionnement du cerveau devrait attirer vers la physiologie, cette Reine des Sciences, les chercheurs les plus curieux et les plus téméraires. C'est en pensant à eux que ce livre a été écrit.

Dans le labyrinthe du sommeil est un long monologue retraçant la vie des neurobiologistes, leurs hésitations, leurs erreurs, leurs aventures, leurs voyages parfois pittoresques et enfin, les innombrables et inévitables obstacles techniques ou idéologiques qui ont parsemé la recherche des mécanismes et des fonctions du sommeil et du rêve au cours de ces trente dernières années.

L'histoire naturelle du rêve est une fenêtre ouverte sur un laboratoire de recherche. Cet exposé, simple mais complet, de l'histoire naturelle des rêves est destiné à susciter des vocations de chercheurs, d'après les organisateurs de cette conférence (l'INSERM et le Palais de la Découverte).

Mémoires et « cerveau dédoublé » au cours du rêve est consacré à une approche non analytique des souvenirs de rêves. Quelle est la latence entre un phénomène perçu au cours de l'éveil et son incorporation dans un rêve ? Les lecteurs qui voyagent souvent dans des pays exotiques et qui se souviennent de leurs rêves ont dû constater l'étrangeté qu'il y a à rêver à son domicile habituel ou son lieu de travail alors que l'on se trouve en Amazonie ou au Népal.

Existe-t-il une dissociation entre le travail des hémisphères droit et gauche au cours des rêves ? Comment pourrait-on la démontrer en ne faisant appel qu'aux souvenirs de rêves ? Une analyse des correspondances entre les messages auditifs et visuels de certains rêves essaie d'aborder cette question...

La quatrième partie décrit en détail le *comportement onirique* (1979). A quoi rêve un chat ? La découverte de ce phénomène chez le chat permet de montrer que les frontières entre l'éveil et le rêve peuvent être parfois bien difficiles à distinguer.

Le sommeil paradoxal est-il le témoin neurobiologique de l'activité onirique ? est destiné à ceux qui croient encore que le rêve, comme l'esprit, fonctionne de façon continue au cours du sommeil. Les découvertes récentes du comportement onirique chez l'homme, ou des rêves lucides, sont venues confirmer que le sommeil paradoxal était bien la représentation objective de l'activité onirique.

Le sommeil, l'autre versant de l'esprit (1990) essaie de répondre à la subtile question d'un théologien lors d'un symposium organisé au Vatican. Comment un neurobiologiste peut-il parler de l'esprit en 1990 ?

Les fonctions du rêve résume d'abord la théorie de Freud concernant à la fois le « comment » et le « pourquoi » des rêves. Cette théorie est confrontée aux données actuelles de la neurobiologie de l'activité onirique. Vient ensuite une brève revue des principales théories neurobiologiques récentes concernant les fonctions des rêves.

Le sommeil paradoxal est-il le gardien de l'individuation psychologique ? expose en détail le dernier développement de la théorie de la programmation itérative de l'individuation psychologique (1991).

Le livre se termine sur une analyse de l'évolution depuis 1960 de la neurobiologie du sommeil et du rêve, dont le lecteur aura pris connaissance au fil de sa lecture. Le développement exponentiel des neurosciences depuis vingt ans a contribué à renverser certaines théories ou « paradigmes ». Cependant, la connaissance de plus en plus précise des mécanismes, du « comment du comment » du rêve, n'a pas encore permis d'en résoudre le « pourquoi ». Sans doute parce qu'il s'agit de la plus grande énigme que le cerveau rêveur propose au cerveau éveillé.

I

Dans le labyrinthe du sommeil *

Je ne crois pas que dans la science il puisse y avoir une démarche très cohérente. Je ne crois pas, non plus, qu'il soit possible d'« administrer » la recherche. S'il y a un domaine où il faut laisser le plus de liberté, c'est bien celui de la recherche. L'« administrer » ce serait forcément le faire en fonction de certains dogmes, de certaines vérités. Or, par définition, plus une vérité est connue, plus elle est médiatisée, plus elle a de chances de bloquer les autres voies de la recherche.

Je crois, en revanche, qu'il y a toujours un dieu pour celui qui cherche. Et c'est pour cela que je fais toujours confiance au hasard. Un jour, en 1958, en plaçant une électrode dans le cerveau d'un chat, on a eu de la chance : deux à trois ans plus tard, on a su à peu près 80 % de ce que l'on sait sur le sommeil paradoxal. Mais en trente ans on a peu avancé...

Depuis sept ans, je travaille sur une approche énergétique du rêve. En continu, depuis le lundi matin jusqu'à la nuit

* Cet entretien, réalisé par Claire Parnet et Antoine Dulaure, a paru en mai 1990 dans *L'Autre Journal*.

du vendredi, nous enregistrons des animaux dans les conditions particulières qui permettent de modifier leur température centrale sans mettre en jeu les systèmes de thermorégulation. Diminuer très progressivement la température d'un animal, c'est un art. C'est comme faire rentrer au port un pétrolier d'un million de tonnes avec un moteur de deux chevaux. Il faut anticiper en tenant compte inconsciemment d'un tas de facteurs : le temps qu'il fait dehors, l'épaisseur du poil, que sais-je encore... J'ai eu tellement d'ennuis avec ça, que je connais maintenant toutes les erreurs à ne pas faire. C'est une expérience comme celle du forgeron : ça ne peut ni se dire ni s'écrire. Je passe donc souvent des nuits au laboratoire et je dors quand je peux. Ça ne me déplaît pas. La nuit, ici, c'est parfait : je peux réfléchir, écouter la radio...

Bien sûr, j'aimerais mieux travailler *in vitro.* D'abord, ça irait beaucoup plus vite et puis on serait à la mode ! Le sommeil *in vitro,* on peut l'imaginer pour dans dix ans, quand on connaîtra un peu mieux les données énergétiques du phénomène. Mais le rêve *in vitro ?* Je n'arrive pas à le concevoir, encore que puissent toujours arriver des choses inconcevables aujourd'hui. Dans les vingt ans qui viennent, en tout cas, je n'y crois pas. On sera obligé de continuer avec les animaux ou d'arrêter.

Il y a des exemples comme ça, dans l'histoire des sciences : tout un courant de la connaissance se gèle pendant dix, vingt ans, avant que ça reparte. Prenez l'histoire du rêve. Le premier qui a vraiment essayé de le situer dans le sommeil, de le doter d'une structure temporelle, c'est Alfred Maury, qui était professeur au Collège de France. La théorie en vogue à l'époque disait que l'esprit, étant immatériel, voyageait en tous sens, pendant que le corps subissait la « mort périodique » du sommeil. Alfred Maury a réussi à infirmer cette idée. Il lui a substitué son interprétation du rêve comme accident épisodique, phase intermédiaire entre le sommeil et l'éveil. Sa conception a littéralement parasité les chercheurs qui se sont occupés ensuite de la question.

Il a fallu, en fait, attendre la guerre de 1939-1945 – car c'est la guerre qui fait avancer la recherche ! – pour qu'on dispose facilement d'appareils permettant l'enregistrement des microvolts. Et, en 1957, des neurophysiologistes de Chicago, en étudiant le mouvement des yeux des dormeurs, ont pris conscience de leur périodicité. Mais, comme l'électroencéphalogramme était identique à celui de l'endormissement – et que les idées de Maury persistaient encore –, ils ont pensé que le rêve n'était qu'un retour du sommeil léger. Si bien que leur découverte qui aurait dû faire un énorme bruit n'en a pas fait beaucoup. Et le paradigme – prenons le mot, bien que je ne l'aime pas – du rêve demi-réveil, demi-sommeil, est resté bloqué où il était.

Comme je l'ai dit, c'est totalement par hasard, en étudiant les mécanismes d'apprentissage du chat, que François Michel et moi sommes arrivés par l'autre côté, en 1958.

Nous nous sommes aperçus que le rêve n'était ni du sommeil ni de l'éveil. Et que c'était donc obligatoirement un troisième état de cerveau, aussi différent du sommeil que celui-ci l'est de l'éveil.

Une grande partie de ce que l'on sait maintenant sur le sommeil paradoxal a été trouvé ici, à Lyon, par des étudiants de l'École du service de santé militaire, des « santards », qui n'étaient même pas payés. L'étude de la phylogenèse et de l'ontogenèse du sommeil paradoxal fut une période pittoresque. A l'époque, on pouvait acheter des animaux partout. Si on voulait regarder chez les oiseaux, on allait chercher une poule, une oie. On ramenait des moutons, des lapins, des crocodiles, des tortues, un python, des iguanes...

Brusquement, en tout cas, la théorie unitaire du sommeil a été renversée. Les physiologistes ont dû abandonner une conception très simple (la théorie réticulaire de l'éveil et du sommeil) pour essayer d'intégrer deux notions nouvelles : l'une, que le sommeil était un phénomène actif, l'autre, qu'il y avait deux états de sommeil. Cette révolution a attiré beaucoup de chercheurs. Jusqu'en 1985 à peu près, le domaine du sommeil, de l'hypnologie, a été un des champs les plus actifs de la neurophysiologie. Donc, pour résumer, 1949 : découverte par Giuseppe Moruzzi et Horace Magoun de la formation réticulée, système responsable de l'éveil.

Pour nous, un événement considérable ! Ensuite 1959 : découverte du sommeil paradoxal et démonstration de la possibilité d'empêcher un animal de dormir par des lésions. Puis 1969 : théorie monoaminergique du sommeil qui a tenu dix ans.

Ce fut une période très féconde, où l'on expliquait tout avec les neurotransmetteurs qui venaient tout juste d'être découverts. Au départ, il n'y en avait qu'un : la sérotonine. Maintenant on en est à une bonne centaine. Mais cent, c'est comme s'il n'y en avait pas. Trois ou quatre ça suffit : celui pour dire « oui », celui pour dire « non », plus un pour « peut-être que oui » et un pour « peut-être que non ». Si vous avez un modèle type ordinateur dans les systèmes neuronaux, c'est suffisant. Il n'est pas nécessaire qu'il y en ait pour dire : « Ça, c'est une poule noire » ou : « Ça, c'est une poule blanche » ! A ce compte, il n'y aurait jamais assez de gènes...

Quand on s'est avisé de ce que les neurotransmetteurs ne pouvaient pas tout expliquer, on est entré dans une grande période de pessimisme. Et les gens qui avaient dit : « Si vous nous donnez de l'argent, on va tout vous expliquer : la pensée, la mémoire et les maladies mentales ! » se sont vu fermer le robinet des crédits. Il y a eu, dans la plupart des pays, une régression de la recherche physiologique fondamentale au profit des recherches appliquées. Aux États-Unis, du temps de Reagan – ce n'est pas un hasard si la sénescence est devenue alors le thème de recherche principal ! – les chercheurs se sont mis à enregistrer le sommeil des chats de vingt ans, ce qui n'est pas si mal si on pense qu'il faut multiplier l'âge d'un chat par six ou sept... Et comme il fallait bien qu'ils trouvent quelque chose, ils ont montré que les très vieux chats ont un sommeil quelquefois agité... Il y a eu aussi pas mal de travaux sur les épisodes d'apnée en cours de sommeil. Les gens qui mangent trop, qui ont le cou court et qui ronflent s'arrêtent de respirer pendant le sommeil, ce qui a des répercussions sur le cœur si ça arrive trop souvent. Il y en a beaucoup là-bas à cause des régimes hypersucrés, du Coca-Cola, etc.

En France, pendant cette période, il faut reconnaître qu'on nous a laissé une grande liberté dans nos thèmes de recherche. Les gens savent très bien que le sommeil est un problème compliqué et que le rêve est, sans doute, la dernière frontière de la neurobiologie : on comprendra certainement la perception avant de comprendre le rêve. En fonction de l'argent qu'on va y mettre, et donc du nombre de neuroanatomistes qui vont travailler, je pense que l'on connaîtra, vers 2015, à peu près la totalité de l'organisation cérébrale. Mais, je ne crois pas qu'on aura fait un grand pas pour le reste.

Car le problème de l'activité onirique, c'est qu'on est devant un phénomène qui n'a pas de fonction. Et c'est assez unique dans les annales de la physiologie. Je m'explique : il est très facile d'avoir une petite structure dans le cerveau sans savoir à quoi elle sert. De toute façon, il n'y a pas de rapport entre la structure et la fonction. On sait ça depuis Claude Bernard : une fonction intègre le fonctionnement de nombreuses structures. Prenons le cas de la glande pinéale. Si on a mis si longtemps à savoir à quoi elle servait, c'est bien justement parce qu'on ne l'avait pas assez intégrée. On a voulu faire d'elle une seule chose, alors que son fonctionnement est intégré à d'autres systèmes. On sait maintenant qu'elle calcule quand les jours diminuent ou augmentent. Si les jours raccourcissent, il ne faut pas que les animaux fassent de petits, parce qu'ils naîtraient en hiver. Donc une structure très importante dans l'évolution, même si ça ne l'est plus pour nous. Mais le rêve, ce n'est pas la pinéale, ce n'est pas une structure !

C'est quelque chose qui occupe 20 % du temps du sommeil, qui est dangereux pour l'animal puisqu'il est paralysé et que son seuil d'éveil est augmenté ; qui constitue un besoin puisque quand on le supprime il tend à revenir automatiquement ; et, enfin, c'est une fonction qui a été conservée par l'évolution, sans que l'on en devine encore la nécessité ! Je vais essayer de donner quelques clés pour comprendre cette fonction du rêve. Il faut partir du sommeil, dont on sait maintenant qu'il s'agit d'un phénomène énergétique. Des chercheurs américains viennent en effet de découvrir chez l'homme que le cerveau qui pense se trouve dans les mêmes conditions énergétiques que le muscle qui travaille. C'est un peu la vérification expérimentale de l'adage de l'inconscient collectif : « penser ça fatigue ! ». On s'est aperçu qu'entre les phases de relaxation et les phases d'activité cérébrale soutenue, la consommation de glucose des aires corticales double sans que le pourcentage d'oxygène augmente. Ce qui signifie que notre cerveau marche en anaérobie et qu'il produit du lactate. Donc qu'il se « fatigue » comme les muscles dans l'effort. Comme, par ailleurs, les neurotransmetteurs qui font que l'on est éveillé passent leur temps à casser les molécules de glycogène, il faut bien qu'à un moment le sommeil survienne pour permettre au cerveau de refaire ses provisions d'énergie, essentiellement dans les cellules gliales et pour faire baisser la température cérébrale.

Il faut à peu près quatre-vingt-dix minutes chez l'homme pour que la température baisse de 0,8 °C. Et à ce moment-là, à ce moment-là seulement, des systèmes étranges – peut-être des thermodétecteurs réglés au centième de degré – préviennent le cerveau que les réserves énergétiques sont reconstituées. Un autre système de censeurs, que l'on appelle le potentiel Redox, indique au système du rêve qu'il a accumulé assez d'énergie sous forme d'ATP. C'est alors que survient le rêve qui dépense, pour faire son travail, une grande quantité d'énergie avant que ne débute de nouveau une longue période d'emmagasinement énergétique. Nous commençons un peu à comprendre comment tout cela fonctionne. Reste à trouver le système qui permet au cerveau d'apprécier l'énergie dont il dispose et qui est certainement plus astucieux que celui que nous étudions actuellement.

Le système de régulation du sommeil paradoxal, en fonction de la température, est très surprenant car il ne respecte pas certaines lois bien établies de la biologie, comme la loi de Vant Hoff et Arrhenius, selon laquelle la vitesse d'une réaction chimique diminue lorsque la température décroît. Il existe ainsi un rapport, appelé Q^{10}, entre l'activité d'un système (respiration, fréquence cardiaque, consommation d'oxygène, etc.) à 37°C et 27°C. Ce rapport est toujours compris entre 2 et 3. C'est-à-dire qu'une diminution de température de 10°C entraîne une diminution de 50 % de l'activité d'un système biologique. Or le système de régulation du sommeil paradoxal apparaît doublement paradoxal : d'une part, la quantité de sommeil paradoxal décuple lorsque la température centrale décroît, si bien que le Q^{10} est de 0,1 ; d'autre part, le sommeil paradoxal met en jeu, lui-même, un système de refroidissement par perte de chaleur au niveau des échangeurs thermiques. Il existe donc une boucle ouverte sans rétroaction : plus la température interne décroît, plus le sommeil paradoxal augmente, etc. Tout se passe comme si le « but » de ce système était d'obtenir du sommeil paradoxal permanent autour de 20°C.

Bien sûr, il y a plusieurs modèles possibles pour expliquer ces phénomènes. Le modèle le plus simple repose sur l'existence de thermodétecteurs dans le cerveau. Certains sont excités par le chaud – et ce pourrait être les systèmes d'éveil (ceux qui bloquent le sommeil paradoxal). D'autres systèmes sont excités par le froid, et on pourrait supposer qu'ils déclenchent le sommeil paradoxal. Cependant, cette hypothèse est un peu fragile car il faut supposer que nous avons, nous homéothermes (dont la température est toujours supérieure à 34°C ou 35°C), des cellules nerveuses qui marcheraient au maximum entre 25 °C et 20 °C (une température que nos prédécesseurs, poïkilothermes, devaient avoir il y a plusieurs centaines de millions d'années). Ce qui conduirait à supposer qu'il reste des thermodétecteurs dinosauriens dans notre cerveau. Pourquoi pas ?

En fait, l'idée de thermodétecteur semble maintenant être abandonnée au profit de celle du thermostat (capable de maintenir la température interne constante). Mais, par définition, un thermostat possède une boucle de rétroaction négative, ce qui n'est pas le cas de notre système qui n'a pas de boucle, qui est ouvert. C'est pourquoi un troisième modèle est possible. Il repose sur le bilan énergétique cérébral, ce qui nécessite de connaître à la fois la consommation de glucose et celle d'oxygène lorsque la température décroît de 37 °C à 27 °C.

Le problème maintenant concerne l'exploration de l'énergétique cérébrale. Longtemps on s'est heurté à ce mur qu'on ne savait pas très bien comment dépasser pour des raisons techniques. Il y a des domaines, en physiologie, où, pour avancer, il faut de nouvelles techniques. Or celles-ci sont en train d'arriver. Nous avons maintenant la caméra à positrons qui permet de calculer la consommation de sucre et d'oxygène du cerveau humain, chose qu'on n'avait jamais réussi à faire auparavant. Et, pour le chat, la résonance magnétique spectroscopique donne la possibilité de voir *in vivo,* sans toucher au cerveau, les donneurs d'énergie, c'est-à-dire les pics d'ATP, de phosphore, de phosphocréatinine, ce qui est merveilleux. On va donc pouvoir, dans les cinq ans qui viennent, faire des pas décisifs dans une direction où personne n'avait avancé depuis une bonne vingtaine d'années. Et, à partir de là, on essayera de trancher la question de savoir qui prime, de l'énergétique ou des transmetteurs.

Il y a donc quelque part un secret du point de vue énergétique. Mais, bien sûr, pour avancer dans cette voie, il faut qu'il reste encore des physiologistes capables d'avoir une compréhension synthétique des différents et fort complexes mécanismes qui sont mis en jeu au niveau énergétique et au niveau des communications entre les neurones et, sans doute, entre les neurones et la glie. D'où mon plaidoyer pour la physiologie que l'on est en train de laisser doucement disparaître. Il faut savoir que la proportion relative de la recherche physiologique fondamentale, dans le domaine international de l'hypno-onirologie, est passée de 60 % en 1960 à 15 % en 1987 ! Ça va être pareil dans tous les pays : on va se retrouver avec beaucoup de biologistes moléculaires qui n'auront absolument aucune idée de la façon dont fonctionne l'organisme !

Donc, je me plais à imaginer, non pas le crépuscule de la biologie moléculaire – parce qu'elle a apporté tout ce qu'elle pouvait apporter et que ça a donné une moisson extraordinaire –, mais son recul relatif, au moins pour ce qui concerne le système nerveux central, de façon qu'elle laisse la place à d'autres approches, en particulier l'approche énergétique. Mais je pense que ça ne va pas se faire tout seul. En ce moment, pour essayer de défendre à tout prix leurs positions, les biologistes moléculaires font donner la garde. On va donc assister à une explosion de modèles du cerveau, construits à partir de la biologie moléculaire d'un récepteur. Probablement un autre courant, issu de l'informatique, va également devenir un grand fleuve : ce seront les modèles de machines douées d'intelligence artificielle, et pourquoi pas de pensée ! A mon avis, comparer le cerveau à un ordinateur, c'est une métaphore trompeuse qui ne tient pas compte de sa plasticité ni du développement cérébral au cours de l'ontogenèse. Et surtout qui fait l'impasse sur le fait que l'ordinateur est alimenté en 220 V et n'a donc pas de problème énergétique alors que le cerveau doit gérer à la fois son bilan énergétique et celui de l'organisme. Je serais, en outre, vraiment curieux de savoir comment ces modèles vont intégrer le sommeil et le rêve...

Remarquez que moi aussi, comme beaucoup de gens, j'ai contribué à retarder l'évolution des choses. Ainsi, pendant longtemps, j'ai cru que la sérotonine était responsable du sommeil. A l'époque, mes élèves ont mis dans le labo, pour se moquer, une photo de Mao brandissant le *Petit Livre rouge.* Maintenant, je sais que le problème est beaucoup plus complexe et j'ai abandonné l'idée qu'il devait exister une cause nécessaire et suffisante pour déclencher le rêve. La cause du sommeil ou du rêve n'est que l'ensemble des conditions suffisantes pour leur apparition mais, souvent, on croit que c'est la dernière condition qui est la cause. C'est pour cela que ce type de recherche est si long. Il faut, pour avancer, obligatoirement éliminer des obstacles et ces obstacles sont souvent créés par des écoles puissantes et qui publient beaucoup. Par exemple, au milieu des années 60, régnait le dogme que la consommation d'oxygène par le cerveau humain ne variait pas entre l'éveil et le sommeil. Ce résultat avait été obtenu par l'une des plus prestigieuses équipes américaines. On sait maintenant qu'il y avait une erreur de statistique dans ces résultats qui ont éloigné la plupart des chercheurs de la piste énergétique.

Ainsi donc, l'une des clés probables des mécanismes du rêve est qu'il s'agit d'un phénomène qui nécessite beaucoup d'énergie. Une autre clé est apportée par la phylogenèse. Pourquoi y a-t-il une barrière entre les poïkilothermes – les vertébrés inférieurs, qui ne règlent pas leur température – et les homéothermes, ceux qui ont une température constante indépendante du milieu extérieur ? Nul n'a encore pu enregistrer avec certitude un état similaire au sommeil paradoxal chez les poissons, les amphibiens, les reptiles, sauf peut-être chez le crocodile. Qu'est-ce qui fait donc que les poissons n'ont pas eu besoin d'inventer le sommeil paradoxal ? Où se trouve l'énigme ? Je pense qu'elle se situe au niveau de la neurogenèse : chez les animaux à sang froid, les cellules nerveuses vont se diviser pendant toute la vie. Prenez une carpe de soixante ans, son cerveau se divise encore ! Chez les homéothermes, au contraire, passé le vingt et unième jour pour le raton et le chaton, je crois, et le troisième mois pour l'homme, toutes les cellules cessent de se diviser et n'ont plus qu'un seul avenir : mourir.

La troisième clé est apportée par l'ontogenèse. L'ontogenèse nous fournit deux concepts. Plus un mammifère, ou un oiseau, est immature *(in utero* ou *in vivo),* plus quelque chose qui ressemble au sommeil paradoxal (ce que l'on appelle le « sommeil sismique ») est important. Il correspond à la fin de la programmation génétique du cerveau, à la fin de la neurogenèse, mais ce n'est pas véritablement du sommeil paradoxal car on ne peut pas le supprimer par les drogues ou les lésions qui le suppriment chez l'adulte. Dès que la neurogenèse est arrêtée, apparaît le véritable sommeil paradoxal, ce qui suscite chez des nourrissons de véritables sourires, et, en fait, toutes les mimiques humaines, spontanément, sans objet, d'où l'idée que se manifeste ainsi une programmation.

A quoi peut donc servir une telle programmation ? Je crois que l'exemple des jumeaux peut permettre de le comprendre.

Si l'on considère le cas des jumeaux et des jumelles, élevés complètement à part depuis leur naissance, personne, bien sûr, ne sera étonné qu'ils se ressemblent. Mais le professeur Bouchard, de l'Université du Colorado, a trouvé des choses bien plus étranges en étudiant des dizaines de paires de jumeaux homozygotes, élevés dès leur naissance dans des familles différentes... Comment comprendre les similitudes extraordinaires qui se sont manifestées dans leur vie (voir VIII)?

Comment expliquer leur hérédité psychologique, celle qui est responsable de leurs réactions idiosyncrasiques identiques, alors même qu'ils ont été soumis pendant toute leur vie à des expériences et à des environnements différents ?

Si la division des cellules nerveuses se poursuivait pendant toute l'existence, on pourrait supposer que le programme contenu dans le DNA, grâce à une neurogenèse continue, préserve chez chaque jumeau un patrimoine héréditaire psychologique identique. Mais tel n'est pas le cas, puisque le cerveau est le seul organe dont les cellules ne se divisent pas. Faut-il alors admettre que le programme génétique mis en jeu pendant le développement pré- et postnatal soit responsable, une fois pour toutes, des innombrables et subtiles connexions interneuronales à l'origine de tel ou tel trait de caractère, pendant toute une existence ? C'est tout simplement impossible, d'une part parce que la programmation génétique de milliers de milliards de connexions synaptiques nécessiterait un nombre de gènes bien supérieur à celui qui existe dans le génome, et, d'autre part, parce que les influences de l'environnement finiraient par altérer définitivement ces connexions.

Pourquoi ne pas concevoir alors que certains programmes génétiques puissent être renforcés périodiquement afin d'établir et de maintenir fonctionnels les circuits synaptiques responsables de l'hérédité psychologique ? L'avantage d'un tel système étant, bien entendu, qu'il permettrait de rétablir certains circuits qui auraient pu être altérés par les événements épigénétiques. Mon hypothèse est donc que cette reprogrammation génétique intervient pendant la phase du sommeil paradoxal, autrement dit pendant le rêve...

Et cela à quelle fin ? Eh bien, tout simplement de restaurer l'individuation. Car c'est extrêmement important qu'il y ait de la diversité. Et surtout il est très important que, dans un milieu de conditionnement comme celui où nous nous trouvons, nous disposions d'un système qui opère cette individuation.

Nous vivons en ce moment même l'échec historique d'une tentative pour changer l'homme en changeant l'environnement. Et pourtant Dieu sait s'il y en a eu de la propagande déversée, s'il y en a eu des gens fusillés pour convaincre les autres de bien penser ! Et pourquoi est-ce que ça a été un échec ? Peut-être parce que les gens ont continué à rêver. Qu'est-ce qu'ils faisaient, les agents du KGB, avec ceux qui n'étaient pas d'accord : ils les mettaient dans des hôpitaux psychiatriques. Et pourquoi ? Tout simplement pour leur donner des drogues qui suppriment le rêve, des dérivés de phénothiazine ou des IMAO. Ne serait-ce pas parce qu'ils savaient que les gens qui reçoivent ces drogues, et dont le rêve est supprimé ou diminué, deviennent plus conditionnables à l'environnement idéologique ?

Cette hypothèse d'une programmation itérative de l'individuation au cours du rêve (voir VIII) n'est pas très appréciée par l'intelligentsia scientifique. L'hérédité psychologique est mal vue depuis les exagérations de Ribot. Le dogme actuel est que le profil psychologique dépend de l'environnement culturel, et qu'en changeant celui-ci on peut « améliorer » un individu. Dès que l'on parle d'hérédité psychologique, d'individuation, les gens pensent au vieux débat sur l'intelligence, le quotient intellectuel, les classes sociales, etc. Ce qui n'a rien à voir avec mon hypothèse.

Je me suis heurté à ces résistances en deux occasions où j'ai voulu essayer d'aborder ce problème chez l'homme. Nous avions découvert que chaque souche de souris (le seul animal rêveur chez qui on puisse étudier la génétique du sommeil paradoxal) présente des *patterns* caractéristiques de mouvements oculaires rapides au cours du sommeil paradoxal : certaines souches ont beaucoup de mouvements, d'autres très peu. Il se trouve d'ailleurs que les souches avec peu de mouvements oculaires sont plus « intelligentes » dans les tests du labyrinthe que celles qui ont beaucoup de mouvements.

Cette observation nous a conduits à explorer de possibles différences entre les *patterns* de mouvements oculaires au cours du rêve chez des groupes humains, différents au point de vue génétique et qu'on appelle des « isolats génétiques ». Grâce à l'amabilité et à la générosité du professeur Gessain et de sa femme, du Musée de l'Homme, nous sommes allés, en 1972, enregistrer le sommeil des Bassaris – un groupe déjà bien étudié sur le plan génétique – qui vivent dans la brousse, aux confins du Sénégal et de la Guinée. Ce fut une petite expédition qui nous changea de la routine du laboratoire : il fallut transporter un appareil d'électro-encéphalographie, un petit ordinateur pour enregistrer les mouvements oculaires, des accus, et faire les enregistrements dans des cases, après de fort longs palabres pour obtenir la permission des femmes. Je conserve un très bon souvenir des nuits, heureusement assez fraîches, passées à enregistrer les quatre adultes mâles bassaris, au milieu des bruits divers de la brousse. Malgré beaucoup de difficultés, nous sommes arrivés à enregistrer une vingtaine de périodes de rêve et nous avons tout de suite été étonnés de la rareté des mouvements oculaires pendant ces périodes. Je passe sur notre vie diurne pendant laquelle nous étions transformés en médecins, à soigner des dizaines de Bassaris ou de Peuls atteints d'affections qui ne se rencontent que dans les anciens dictionnaires de médecine, tandis qu'un dentiste enlevait les quelques dents limées des vieux. Je vous épargne aussi les danses, le sacrifice du buffle, la recherche du miel dans les arbres, les traces des lions, etc.

Grâce à la grande expérience des ethnologues et leur connaissance des Bassaris, il a été possible de faire venir à Lyon deux de nos clients. Après avoir passé quelques mois en France, nous les avons à nouveau enregistrés dans notre laboratoire, et à nouveau nous avons retrouvé une différence significative dans la fréquence et les patterns de mouvements oculaires par rapport à la population de contrôle. Nous avons alors rédigé une courte note dans un journal anglo-saxon. Notre conclusion, prudente, énonçait qu'il pouvait y avoir des différences significatives, peut-être d'origine génétique, chez des groupes humains. Cette note fut refusée, à la fois parce que le nombre de sujets était trop faible – évidemment ! – et parce que la démonstration d'une diminution des mouvements oculaires chez les Bassaris était interprétée dans un sens défavorable, sinon raciste !

Malgré cette première expérience, grâce à un ami connaisseur du Grand Nord, j'ai essayé d'étudier une autre population, beaucoup moins isolée et pittoresque : les Lapons. Lettres aux ambassades, au conseiller scientifique en Norvège, pour expliquer le pourquoi de notre mission, etc. Finalement, les Lapons apprennent notre projet. Et je reçois un jour une lettre, avec une magnifique en-tête des nations arctiques en voie de décolonisation, Lapons, Eskimo, Samoyèdes. Une lettre injurieuse : « *Il n'est pas question que les Lapons servent de sujets d'expérience* », etc. Je leur réponds qu'au contraire, si nous arrivons à prouver que leurs *patterns* de mouvements oculaires du rêve sont différents de ceux des Norvégiens, cela pourrait leur donner un argument de plus pour réclamer leur indépendance. Pour une fois que la recherche en onirologie pouvait apporter quelque chose de positif ! La réponse fut sans appel : si nous venions, ils nous accueilleraient à coups de fusil. Mourir pour l'ethno-onirologie, pas question ! Nous sommes donc allés utiliser les quelques crédits (privés) de la mission à pêcher la morue autour des îles Lofoten. C'est aussi un bon souvenir de la fin de l'hiver, du brouillard, de la mer grise, des langues de morue grillées avec l'aquavit...

Je regrette de n'avoir pas pu continuer ce travail. Des groupes humains disparaissent chaque jour sans que nous ayons pu enregistrer sur bande magnétique l'organisation de leurs mouvements oculaires au cours des rêves. Même si nous ne savons pas *encore* déchiffrer leur code (pourquoi pas des onironèmes ?), un jour, peut-être, cela deviendra possible et ce trésor sera perdu pour toujours. Qui sait s'ils n'auraient pas pu nous apprendre quelque chose de fondamental sur l'origine de l'homme ? J'ai fait une communication sur l'urgence de ces études d'ethno-onirologie lors d'un congrès à Kyoto, mais je ne crois pas que l'on ait compris ce que je voulais dire...

Finalement, parce que je suis têtu, en bon Franc-Comtois, une troisième tentative fut entreprise à Lyon sur dix paires de jumeaux mono- et hétérozygotes. Des dizaines de milliers de mouvements oculaires au cours des rêves furent enregistrés sur bande magnétique. Comme on ne disposait pas à l'époque, en 1976, de micro-ordinateurs, un de mes élèves – informaticien et mathématicien – consacra des milliers d'heures à traiter les résultats. Il y passa quatre ans, sur les plus grands ordinateurs de l'époque. Sa très belle thèse démontre la similarité des *patterns* chez les jumeaux homozygotes, alors qu'il n'y a aucune similitude chez les hétérozygotes. Depuis, cet excellent chercheur évite les jumeaux et s'est reconverti avec succès dans une électrophysiologie d'avant-garde...

Pour en finir avec la génétique et le rêve, je vais vous raconter l'histoire suivante qui est authentique. J'ai eu l'occasion, dans une réception, de parler des souvenirs de rêves avec un confrère, académicien. « *Quand j'étais enfant,* me raconta-t-il, *je faisais souvent le même rêve : je passais devant une grande maison et je voyais une dame habillée en noir qui ouvrait la porte d'un grand corridor.* » A ce moment-là, son frère jumeau, qui lui ressemblait comme deux gouttes d'eau, arrive vers nous et entend les derniers mots de l'histoire qu'il achève spontanément : « *La dame ouvrait la porte du corridor et des centaines de chats s'en échappaient* »... Son frère, l'académicien, l'a regardé fort surpris : « *Comment peux-tu finir mon rêve ? Je ne te l'avais jamais raconté* »...

Ces jumeaux avaient donc eu le même rêve. Il s'agit certes d'un cas unique, mais il n'en demeure pas moins que l'exploration des souvenirs de rêves des jumeaux homozygotes et hétérozygotes pourrait devenir un champ de recherche fort intéressant, mais sans doute difficile et très long.

La complexité du cerveau et des mécanismes du sommeil paradoxal est telle que je ne pense pas qu'il soit possible de vérifier l'hypothèse de programmation itérative génétique avant assez longtemps, c'est-à-dire avant cinq ou dix ans. Heureusement, il y a d'autres hypothèses et donc des possibilités de discussions. Ainsi, il y a quelques années, j'ai été invité à passer un mois au Salk Institute, en Californie, par Francis Crick (le co-inventeur de la double hélice de l'ADN). Crick est un homme très courtois, parfois charmant, parfois extravagant, et le biologiste moléculaire qu'il est n'a pas oublié sa formation de physicien. Avec un ami informaticien, Crick a élaboré une hypothèse sur la fonction du rêve, car aucune terre inconnue ne doit résister à l'impérialisme biologique moléculaire et britannique. Selon cette hypothèse, l'efficacité d'un super-ordinateur, donc d'un cerveau, devrait nécessiter l'irruption périodique de signaux stochastiques afin d'effacer les mémoires saturées par des signaux dépourvus de signification. Cette métaphore pouvait sembler pertinente car au cours du rêve le cerveau est envahi par une activité stochastique. D'autre part, une telle opération de programmation ou d'effacement implique la « déconnexion » des « entrées » et des « sorties » de l'ordinateur – ce qui pourrait être le cas au cours du rêve, puisqu'un système d'inhibition bloque l'entrée des signaux du milieu extérieur et inhibe les mouvements au niveau des motoneurones, sauf les mouvements des yeux. L'hypothèse de Crick était donc que le rêve sert à effacer les mémoires sans importance. C'est l'hypothèse du *rêve-oubli*, déjà émise, en 1886, par un Allemand, Robert, que Freud cite dans son livre sur l'interprétation des rêves *(Die Traumdeutung)*. Francis Crick ne connaissait pas cette référence, que je lui ai courtoisement rappelée. Mais nous n'avons pas pu trouver le livre de Robert à San Diego.

Nous avons donc eu de longues discussions, fort animées, nos deux théories nous apparaissant mutuellement contradictoires, au moins en partie, car mon hypothèse peut très bien entraîner un effacement de certains circuits. Nous avons essayé de trouver une possibilité de mettre à l'épreuve l'hypothèse de Crick. Selon lui, il devait y avoir une corrélation entre le volume du cortex cérébral – la mémoire à effacer – et la quantité de sommeil paradoxal. Il y avait cependant une exception que je lui ai soumise : le dauphin en effet possède un cortex presque aussi développé que celui de l'homme, et ne présente pas de sommeil paradoxal, ce dont m'avait à peu près convaincu le professeur Mukhametov que j'avais rencontré à Moscou. C'était donc une énigme, mais c'était une énigme soviétique... Comme nous étions à côté de San Diego, où se trouve une base navale importante à l'intérieur de laquelle se poursuivaient des travaux sur les dauphins, nous avons pensé qu'ils avaient peut-être étudié leur sommeil. Nous avons donc contacté un amiral de l'US Navy, directeur des recherches : passeport anglais pour Crick, français pour moi, recherches top secrètes : on ne visite pas !

Une absence de preuve n'est pas la preuve d'une absence, a conclu Francis Crick, qui a donc écrit un article dans *Nature* sur sa théorie du *rêve-oubli,* contre laquelle subsistent des objections considérables, même si l'on « oublie » le cas du dauphin et même si l'on admet que le chat qui rêve deux fois plus que l'homme est un cas particulier. L'objection la plus importante est la suivante : depuis vingt ans, des centaines de malades dépressifs ont reçu des traitements avec des inhibiteurs des monoamines oxydases ou des antidépresseurs tricycliques. Ces drogues suppriment complètement, ou presque totalement, le sommeil paradoxal ou le rêve, comme l'ont prouvé des contrôles par enregistrement polygraphique du sommeil. Or, la suppression de rêve pendant des semaines, ou des mois, n'a jamais entraîné de troubles de la mémoire. Constatation qui suffit donc à infirmer l'hypothèse du rêve-oubli. L'absence de troubles de la mémoire ou de troubles cognitifs par suppression pharmacologique n'infirme pas, par contre, mon hypothèse. Les changements évidents ou subtils de la personnalité d'un individu traité avec des antidépresseurs « oniro-suppresseurs » pourraient certes être mis sur le compte d'une disparition de la programmation génétique itérative. Mais, bien sûr, on peut objecter que l'apparition ou la disparition de subtiles réactions psychologiques idiosynchrasiques peut aussi fort bien être due soit aux drogues elles-mêmes, soit à la guérison d'un état dépressif. Je ne crois pas qu'on ait pour autant le droit de donner des drogues qui suppriment le rêve chez des sujets normaux, comme cela a été entrepris autrefois en URSS.

Je reviens maintenant à cette histoire d'absence de sommeil paradoxal chez le dauphin. J'ai beaucoup de respect et d'admiration pour les travaux de mon ami le professeur Mukhametov et de ses élèves. Il n'est pas facile d'enregistrer des dauphins et les Russes ont mis au point des systèmes de transmission qui fonctionnent remarquablement dans l'eau de mer. J'ai vu, à Moscou, des tracés polygraphiques excellents. Quelle que soit la réponse à ce mystère, l'absence possible de rêve chez les dauphins m'a conduit à faire un voyage que je n'oublierai pas.

Au début des années 80, certaines expériences nous avaient appris que des peptides, issus du lobe intermédiaire de l'hypophyse, pouvaient augmenter considérablement le sommeil paradoxal du chat. Pendant quelques années j'ai même supposé, à tort, que ces substances étaient nécessaires et suffisantes à l'apparition du sommeil paradoxal. Et nous avions pu montrer que les peptides pouvaient agir soit par voie nerveuse directe, entre l'hypothalamus et le tronc cérébral – à l'endroit où se trouve la « machinerie » du sommeil paradoxal –, soit par voie sanguine, en étant libérés par l'hypophyse. Le professeur Mukhametov nous avait envoyé deux cerveaux de dauphins et, grâce à l'excellente équipe d'immunohistochimie du laboratoire, surtout composée de chercheurs japonais, nous avions pu vérifier que l'organisation de certains systèmes peptidergiques du dauphin était fort différente de celle du chat. Nous nous sommes alors demandé si le ou les peptides « onirogènes » étaient présents dans l'hypophyse des dauphins. Pour cela, il fallait nous en procurer, ce qui est plus facile à dire qu'à faire ! Il n'existe que deux endroits au monde où les pêcheurs tuent encore les dauphins, la Turquie et le Japon. Les dauphins, en effet, y causent des dégâts considérables en détruisant les filets de pêche côtière. Je suis donc parti à nouveau, pour la dixième fois, au Japon, puis à Okinawa. Grâce à l'extraordinaire efficacité des Japonais, nous étions bientôt en possession d'une dizaine d'hypophyses, stockées dans de grands thermos avec de la glace carbonique.

C'est alors que nous avons appris qu'une nouvelle race de chats venait d'être découverte à Iriomote, l'île la plus méridionale de l'archipel de Ryu-Kyu, à quelques dizaines de kilomètres de Taiwan. C'est une petite île, tellement couverte de palétuviers qu'elle a été épargnée par la guerre. Le sable est composé de petites étoiles de corail et la flore et la faune y sont très originales. On y trouve donc une population d'une cinquantaine de chats qui ont six doigts, ne ronronnent pas et passent leur temps dans l'eau à se nourrir de poissons. Ces chats sont observés et protégés par un nombre équivalent de chercheurs Japonais et ils sont si précieux que nous avons vite abandonné l'idée de demander à enregistrer leur sommeil et leurs rêves. En fait, nous n'avons pas vu les chats d'Iriomote mais nous avons passé des jours inoubliables sur cette île ensoleillée, encore totalement épargnée par les touristes.

Nous sommes rentrés à Lyon avec nos hypophyses de dauphins. Mais, l'hypothèse de départ était devenue fausse puisque nous savons maintenant, grâce à une autre équipe du laboratoire, que l'augmentation du rêve, provoquée par les peptides hypothalamiques, est une réponse à certains types de stress accompagnant la privation de sommeil paradoxal, ce qui montrait donc que ces peptides ne peuvent pas être les facteurs « nécessaires et suffisants » capables de déclencher le rêve, mais qu'ils peuvent être responsables d'hypersomnies pathologiques.

Cette histoire de dauphins montre un peu l'état *hic et nunc* des recherches sur les mécanismes neurobiologiques du rêve. L'activité onirique est, je l'ai dit, l'une des dernières frontières des neurosciences. Nous avons encore, heureusement, un pied dans le XVIIIe siècle pour continuer d'étudier l'histoire naturelle du rêve au cours de l'évolution. Il nous faut cependant aussi, pour des raisons de « statut scientifique », avoir l'autre pied dans la biochimie, à la recherche de *la* molécule onirogène, à laquelle je ne crois plus, car j'ai abandonné le concept d'une causalité nécessaire et suffisante. Certains concepts actuels, issus de la biologie ou de la génétique moléculaire, me font penser, en fait, au jeu de Lego qu'utilisent mes enfants. La complexité, mais aussi l'extraordinaire fascination d'une approche énergétique de l'alternance éveil-sommeil-rêve, tiennent à ce qu'elle permettrait de résoudre à la fois le problème des mécanismes et celui des fonctions, mais cette approche est fâcheusement absente des modèles de la biologie moléculaire ou des réseaux neuronaux.

Je crois qu'il faudra beaucoup de temps, des générations de chercheurs, avant de comprendre comment le cerveau gère son énergie et celle de l'organisme...

C'est ce qui me rend si difficile d'écrire un livre sur la physiologie de l'éveil, du sommeil ou du rêve. Par ailleurs, je crois que ma génération de chercheurs en hypno-onirologie a dépensé un peu aveuglément son capital de temps. Nous sommes restés assez imprudemment éveillés, jour et nuit, pendant des années, à mener une course effrénée, mais épuisante, pour essayer de comprendre un phénomène qui avait, tout à coup, acquis des frontières, qui était devenu quantifiable et dont nous avons cru pouvoir deviner la fonction.

Bien sûr, je ne regrette pas ces années, entre 1960 et 1980, ces nuits blanches à l'hôpital, dans le labo, ou dans les avions. Mais je crois que notre erreur a été de croire que la recherche des mécanismes – structures, neurotransmetteurs classiques, neuromodulateurs – allait nous offrir la ou les fonctions. Le problème est que nous sommes passés d'un neurotransmetteur, l'acétylcholine, à près de soixante en 1990. Erreur de stratégie ? Sans doute. Mais erreur de gestion du capital-temps certainement, puisque le temps est devenu trop court maintenant pour intégrer l'immense capital de données expérimentales réunies dans les « vieux » laboratoires comme celui de William Dement à Standford, Allan Rechtschaffen à Chicago, William Roffwarg à Dallas, et dans quelques autres dont certains ont déjà disparu. La plupart de ces données ont été acquises avant l'ère des micro-ordinateurs. La « mémoire » de beaucoup d'expériences – uniques, non reproductibles et donc impubliables – repose et s'efface maintenant dans nos cerveaux de sexagénaires. Elle revient quelquefois le soir des congrès, dans l'obscurité des bars américains ou japonais, mais cette mémoire est difficilement transmissible aux plus jeunes générations.

Il était présomptueux de croire possible de résoudre en trente ans le mystère des mécanismes et des fonctions du rêve, à partir du moment où nous disposions de critères objectifs. Comprendre ce qu'est la conscience onirique est donc bien la dernière frontière de la neurobiologie – plus loin encore, sans doute, que la compréhension de la conscience éveillée. Savons-nous seulement si le cerveau conscient pourrait expliquer un jour pourquoi il est conscient d'être conscient ?

Chercher par curiosité, et regarder ce qui se passe derrière un obstacle, est un comportement génétiquement programmé, comme le montre l'étude des souches de souris. Alors pourquoi l'une des fonctions du rêve ne serait-elle pas de programmer, chez certains individus, l'idée qu'il peut exister une réponse à une question insoluble – celle des fonctions du rêve ?...

GLOSSAIRE

Acétylcholine : Médiateur libéré dans l'espace synaptique pendant la propagation de l'influx nerveux.

Anaérobie : Fait de pouvoir vivre sans oxygène pour certains organismes ou tissus qui tirent donc l'énergie nécessaire à leur vie de substances organiques qu'ils décomposent.

ATP : Adénosine triphosphate. Joue un rôle important dans le métabolisme énergétique.

Cellules gliales : Type de cellules distinctes des cellules nerveuses constituant le tissu (**glie**) de support du système nerveux. Rôle de soutien et d'alimentation.

DNA ou ADN : Acide désoxyribonucléique. Constituant essentiel des chromosomes du noyau cellulaire.

Épigenèse : Tout ce qui n'est pas strictement déterminé par les gènes. L'histoire de l'individu s'inscrit dans les structures mêmes du cerveau.

Formation réticulée ou réticulaire : Groupement diffus de neurones situé dans le tronc cérébral (partie de l'axe cérébro-spinal) ; joue un rôle important dans la vigilance.

Génome : Ensemble des caractères héréditaires d'un individu ou d'une lignée, c'est-à-dire du matériel génétique (ADN) de la cellule.

Glycogène : Substance glucidique formant une réserve importante de glucose pour l'organisme.

Homéothermes : Se dit des animaux dont la température centrale est constante, au contraire des **poïkilothermes** dont la température varie avec le milieu, comme les reptiles, les poissons.

Homozygote : Se dit d'une cellule ou d'un individu qui possède deux gènes identiques situés aux endroits correspondants de deux chromosomes d'une même paire (↮ hétérozygote).

Hypophyse : Glande endocrine située sous l'encéphale.

Hypothalamus : Région du cerveau antérieur composé de 22 petits noyaux. Rôle capital dans les comportements vitaux : soif, faim, comportement sexuel, sommeil, régulation de la température, émotions, mouvement ou régulation hormonale.

Idiosyncrasie : Réaction individuelle particulière à chacun.

IMAO : Inhibiteur des monoamines oxydases (antidépresseur).

Itératif : Répété.

Lactate : Sel de l'acide lactique qui apparaît lors de la décomposition du glycogène pendant l'effort musculaire.

Monoamine : Groupe d'amines (composant organique dérivant de l'ammoniac) comprenant la sérotonine, la dopamine, les catécholamines, l'adrénaline.

Neurotransmetteur : Substance chimique intervenant dans la transmission du signal nerveux.

Ontogenèse : Développement de l'individu depuis l'état embryonnaire.

Pattern : Organisation temporelle.

Peptide : Courte chaîne d'acides aminés.

Phénothiazine : Substance chimique à effet neuroleptique contenue dans le Largactil.

Phylogenèse : Développement évolutif des espèces ; on les étudie en vue d'établir leur parenté.

Pinéale ou épiphyse : Glande située dans le cerveau en arrière du troisième ventricule.

RNA ou ARN : Acide ribonucléique. Macromolécule intermédiaire qui joue un rôle dans le transfert de l'information depuis l'ADN jusqu'aux protéines.

Sérotonine : Neurotransmetteur que l'on trouve en particulier dans l'hypothalamus et le cerveau moyen.

Stochastique : Retour périodique d'un phénomène dû en partie au hasard.

Synapse : Région de jonction des neurones.

II
Histoire naturelle du rêve*

Combien d'entre vous se souviennent de leurs rêves ? Environ 80 % selon les statistiques. Que les 20 % qui ne croient pas rêver se rassurent ! Car ils rêvent chaque nuit mais l'instant fugitif du réveil efface souvent le souvenir de toute activité onirique, peut-être parce que le cerveau éveillé a oublié ou n'accepte pas la scène ou plutôt le drame onirique. L'histoire du rêve que je vais brièvement résumer nous oblige à admettre qu'une machinerie onirique fonctionne périodiquement dans notre cerveau lorsque nous dormons.

Théorie métaphysique du rêve

L'histoire du rêve se déchiffrait autrefois par les messages des Dieux et des Démons. Elle se continue par les essais de décryptage des contenus oniriques en termes psychologiques. Elle est devenue, il y a trente ans, l'histoire d'un

* Publié dans la collection « Dialogues-Le Cerveau en images », INSERM et Palais de la Découverte, 1981.

état neurobiologique qui n'intéresse que les vertébrés homéothermes.

Cette longue histoire remonte aux origines de l'homme : combien de temps a-t-il fallu devant la répétition nocturne de l'imagerie fantastique du rêve pour que jaillisse l'interrogation capitale qui est à l'aube de l'humanité ? Il doit exister « quelque chose » d'immatériel, l'« esprit » ou l'« âme », qui sont fondamentalement différents du corps matériel. L'esprit infatigable et invisible peut en effet rester éveillé pendant le sommeil. Il voyage où il veut dans l'espace et le temps et délivre au cerveau les images oniriques de son périple pendant que le corps fatigué est écrasé par le sommeil. Esprit, donc immortalité, donc sépulture ! Ainsi l'aspect fantastique du rêve aurait été selon J. Lublock, H. Spencer et Malinowski à la base de la croyance dans l'âme et l'esprit que l'on retrouve sous de nombreux avatars à la naissance de toutes les civilisations et de toutes les religions.

Le courant métaphysique du rêve persiste encore aujourd'hui. Ainsi les fellahs du delta du Nil s'enveloppent la tête avec un turban pour empêcher leur âme de quitter leur crâne au cours du sommeil et, chez les tribus Masaï du Kenya, il est interdit de réveiller brusquement un dormeur, de peur que son esprit qui vagabonde ne puisse réintégrer son corps.

C'est à ce courant métaphysique qu'il faut rapporter les rêves prophétiques : le songe de Jacob, de Pharaon et de Nabuchodonosor dans l'Ancien Testament. Le songe de Joseph, des Mages et de la fuite en Égypte dans le Nouveau Testament. Bien sûr, les fondateurs d'ordres religieux devaient être en relation privilégiée avec Dieu par l'intermédiaire du rêve. Ainsi en fut-il de Macaire, François d'Assise, Don Bosco, saint Bruno. Bien sûr également, les hommes de guerre ne pouvaient vaincre que par l'oracle des rêves : Xerxès pendant sa campagne de Grèce et bien d'autres !

Ainsi la communication avec le futur fait-elle partie de

nos structures mentales. C'est pourquoi nous constatons le succès, toujours renouvelé depuis Artémidore et la Kabale, des clefs des songes et des oniromanciens.

Les théories psychologiques

Cependant, alors que le courant métaphysique perdait de sa force, un autre courant, psychologique, allait croître et s'intéresser au rapport du rêve (toujours considéré comme phénomène intemporel au cours du sommeil) avec les souvenirs, la personnalité, les stimuli externes au cours du sommeil.

Initié par Aristote, pour qui le rêve n'est que l'activité de l'esprit au cours du sommeil (sans y voir une quelconque communication avec Dieu), le courant psychologique va grandir à la fin du XVIIIe siècle et au cours du XIXe siècle. Il est impossible de citer ici les différentes théories du rêve qui virent le jour. Pour les uns, les sensations kinesthésiques de nos membres, les stimuli externes ou internes sont les sources des hallucinations du rêveur. Ainsi, pour Bergson, l'image onirique serait due à une image rétinienne (entoptique).

Peu à peu, la mode d'étudier ses propres rêves gagne le monde scientifique. Des concours ont lieu dans différentes Académies. Delage, déjà bien connu grâce à ses controverses avec Darwin sur l'hérédité, écrit quotidiennement ses rêves dans son laboratoire de Roscoff. Il remarque que la déclaration de la guerre de 1914 ne lui laisse aucun souvenir, ni la mort de certains de ses proches. Analysant en détail ses souvenirs, il émet l'hypothèse que ce serait le « psychisme » réprimé pendant l'état de veille qui apparaît dans le rêve. Cette idée de répression avait déjà été formulée vingt-cinq ans auparavant par l'Allemand Robert pour qui le rêve est l'élaboration de pensées étouffées dans l'œuf.

Tant de noms apparaissent à cette époque que plusieurs

heures seraient nécessaires pour en épuiser la liste. Certains personnages étudiant les rêves sont eux-mêmes fort curieux. Ainsi Harvey de Saint-Denis, professeur de chinois et de tartaro-mandchou au Collège de France, se dit capable de diriger ses rêves. Ce qui est, je le crois, exceptionnel. En revanche, le rêve lucide mais involontaire a été constaté et fait l'objet actuellement d'une vogue médiatique. Le livre d'Harvey de Saint-Denis contient un magistral historique des théories psychologiques du rêve : « *Nihil est in visionibus somniorum quod not prius fuerit in visu* », écrit-il, insistant sur l'importance des souvenirs de l'enfance et de la répression de ces souvenirs.

Il est curieux que Freud n'ait pas lu le livre de H. de Saint-Denis et n'évoque jamais les problèmes de la situation temporelle du rêve au sein du sommeil. Freud, inventeur de la métapsychologie, écarte tout ce qui est sommeil parce que c'est de la physiologie. Freud fait du rêve l'expression d'un désir et le gardien du sommeil. Il construit un véritable appareil psychique en dehors du cerveau. Cette topique permet de considérer les espaces correspondant au Ça, Moi et Surmoi. Concepts qui firent fortune et qui attendent toujours une impossible réfutation expérimentale.

Nous terminerons cette revue du courant psychologique par Jung. Son inconscient diffère de celui de Freud, car il serait le siège d'images universelles primordiales que l'on trouverait parmi toutes les civilisations. Ainsi, le rêve du soleil phallique remonterait au culte de Mithra.

Structure temporelle du rêve

Dès la fin du XIXe siècle, cependant, le rêve acquiert une structure temporelle. Cette seconde voie d'exploration est capitale car elle annonce la neurobiologie moderne.

Alfred Maury, professeur au Collège de France au début de ce siècle, en réveillant à intervalles réguliers des sujets au cours du sommeil remarque qu'il n'obtient que rarement des souvenirs de rêves. Le concept d'une activité onirique permanente au cours du sommeil est donc infirmé. Pour A. Maury, le rêve devient un phénomène épisodique ou aléatoire qui surviendrait lorsque le sommeil est plus léger, soit au cours de l'endormissement (images « hypnagogiques »), soit sous l'influence de stimuli extérieurs (bruit) ou internes (douleur), soit enfin avant le réveil (images « hypnopompiques »). Le phénomène du rêve devient ainsi dépendant de la qualité du sommeil et de son interaction avec l'éveil. Perdant son caractère intemporel, il commence à devenir physiologique. Alfred Maury est également célèbre pour son rêve de la guillotine souvent cité, mais apocryphe, car il fut écrit plus de cinquante ans après.

L'œuvre d'Henri Piéron (1881-1964) a une grande importance historique même si elle ne concerne pas directement le rêve. En 1913, H. Piéron réussit en effet à transférer par voie sanguine ou ventriculaire les « hypnotoxines » d'un chien privé de sommeil à un receveur et à induire chez celui-ci un comportement de sommeil profond. Les travaux de Piéron furent très discutés (surtout par R. Dubois, de Lyon, inventeur de la théorie de la narcose carbonique, et Claparède, de Genève, pour qui le sommeil est un instinct) et ils tombèrent dans l'oubli. Ils sont à nouveau à l'ordre du jour depuis la mise en évidence de peptides « facilitant le sommeil ». L'hypothèse d'un ou de plusieurs facteurs responsables du sommeil et du rêve fait actuellement l'objet de nombreux travaux.

Support neurobiologique

Dès 1880, les premières pièces du puzzle d'un support neurobiologique du rêve furent mises en place. En 1880, le docteur Gélineau, ancien médecin de la Marine, individualise la narcolepsie (maladie de Gélineau). Sans le savoir, il décrit l'une des caractéristiques primordiales du rêve, c'est-à-dire l'absence totale de tonus musculaire : la narcolepsie consiste en effet soit dans l'irruption brutale et invincible du sommeil au cours de l'éveil soit souvent à la suite d'une émotion ou du rire d'une perte de tonus musculaire avec chute (cataplexie). Pendant ces épisodes, certains malades rêvent et perdent contact avec la réalité.

Peu à peu, au cours de la première moitié du XXe siècle, les pièces du puzzle de l'activité onirique vont être rassemblées : en 1937, l'Allemand Klaue découvre chez le chat des périodes de *tiefen Schlaf* (sommeil profond) accompagnées d'une activité électrique corticale rapide très différente de l'activité corticale lente du sommeil. Son travail est totalement oublié. En 1944, l'Allemand Ohlmeyer décrit chez l'homme – dans un journal de physiologie – un cycle d'érection périodique au cours du sommeil. Ce cycle débute 90 minutes après l'endormissement et les phases d'érections d'une durée moyenne de 25 minutes ont une périodicité moyenne de 85 minutes. Ce sont les caractéristiques exactes des périodes de rêve mais l'érection ne fut pas alors reliée au rêve (voir figure 1).

Abolition de l'activité musculaire au cours de la narcolepsie, érection périodique et activité rapide corticale au cours du sommeil : ces signes pathognomoniques du rêve ont ainsi été presque tous rassemblés en 1944, mais non

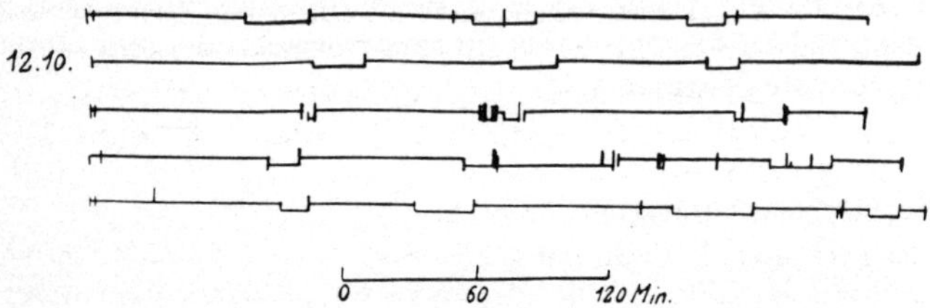

Figure 1. – *Tracé montrant le cycle de l'érection au cours de 5 nuits différentes. Il y a 3 à 4 périodes d'érection chaque nuit (déviation vers le bas du stylet). Chaque érection débute environ 60 à 90 minutes après l'endormissement et leur distribution au cours de la nuit est similaire à celle des périodes de rêve. D'après Ohlmeyer et Al. Pflügers* Arch. *(1944) 248 : 559-560.*

assemblés entre eux. Il a fallu ainsi soixante-dix ans, entre 1880 et 1950, pour que se rassemblent des éléments divers. L'histoire des sciences nous enseigne ainsi que, pour être féconde, une discipline doit interférer avec d'autres à la fois au niveau des concepts et au niveau des techniques. La science ne peut être réduite à un seul discours et doit être interdisciplinaire. Comment donc comprendre un système intégré comme celui du rêve à partir de la seule biologie moléculaire !

C'est alors qu'entre 1953 et 1957, le puzzle fut assemblé, mais à l'envers.

En 1953, Eugen Aserinsky, élève de Nathaniel Kleitman à Chicago, observe des épisodes de mouvements oculaires rapides au cours du sommeil de l'enfant. Il émet l'hypothèse qu'il peut s'agir de périodes de rêve. E. Aserinsky apporte ainsi la dernière pièce du puzzle, d'autant plus précieuse que les mouvements oculaires peuvent s'objectiver facilement sur un enregistrement polygraphique. Entre 1953 et 1958, William Dement et N. Kleitman, à Chicago, assemblent les pièces du puzzle sans étudier le tonus musculaire. Le rêve (vérifié par le réveil des sujets endormis) survient par périodes de 20 à 25 minutes, séparées par des intervalles de 90 minutes. Il se caractérise par une activité corticale rapide similaire à celle de l'endormissement et des mouvements oculaires rapides. Pour l'école de Chicago, le rêve est alors considéré comme un stade périodique de sommeil léger *(emerging stage one)* analogue à l'endormissement *(descending stage one)* (voir figure 2).

Le rêve dans le cycle veille-sommeil

Le puzzle fut enfin assemblé à l'endroit en 1959, grâce à la neurophysiologie animale qui devait mettre le rêve à sa véritable place dans le cycle veille-sommeil. De tout temps, depuis Aristote, les chasseurs avaient remarqué que leurs chiens pouvaient présenter quelques mouvements

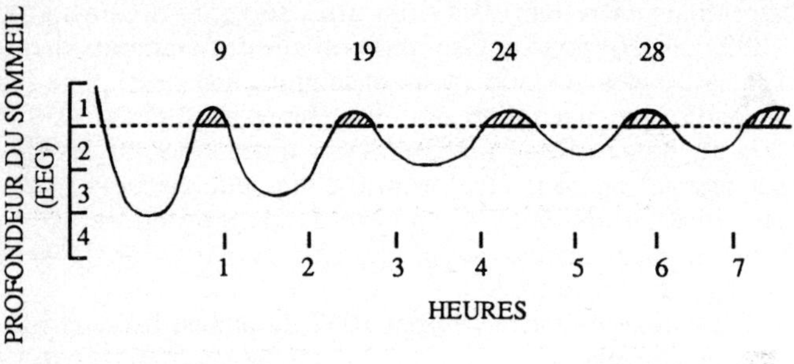

Figure 2. – *Conception de l'École de Chicago (1960). La profondeur du sommeil est représentée en abscisse. Les périodes de rêve (dont la durée est inscrite en minutes) sont assimilées à un stade de sommeil léger (stade 1 émergent) similaire à l'endormissement (stade 1 descendant).*

au cours du sommeil. Mais c'est grâce au chat que le rêve fit son entrée en neurophysiologie. L'étude polygraphique du cycle éveil-sommeil par des électrodes chroniquement implantées au niveau des principales structures cérébrales et de différents groupes musculaires permit en effet de déceler, par hasard, à l'intérieur du sommeil, deux véritables états différents : l'un, de sommeil à ondes lentes, qui s'accompagne d'ondes corticales lentes et de grande amplitude et de la conservation du tonus musculaire ; l'autre de sommeil profond caractérisé paradoxalement par une activité électrique cérébrale similaire à l'éveil, par des mouvements oculaires rapides et par une disparition totale du tonus musculaire (voir figure 3). Ces périodes, que j'ai baptisées « sommeil paradoxal » en 1959, ont une durée moyenne de 6 minutes et surviennent toutes les 25 minutes au cours du sommeil (voir figure 4).

Très rapidement, on s'aperçut que le critère d'atonie musculaire existait également chez l'homme et que le rêve chez l'homme et le sommeil paradoxal chez le chat avaient le même substratum neurobiologique (au moins sur le plan physiologique). Il n'était donc plus question d'en faire un

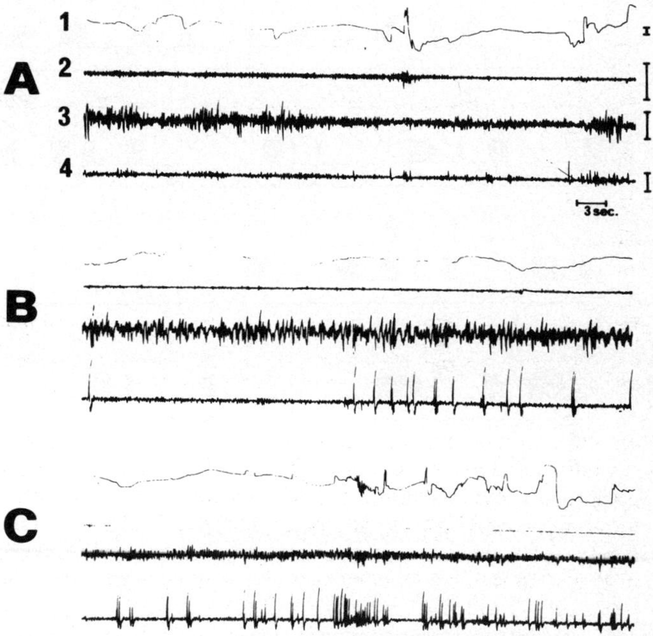

Figure 3. – *Les trois états de vigilance du chat (A = éveil – B = sommeil brut – C = sommeil paradoxal). Activité corticale (3), activité du noyau genouillé latéral (où apparaît l'activité ponto-géniculo-occipitale* (PGO) *au cours du sommeil paradoxal (4), électro-oculogramme (mouvements rapides des yeux) (1), électromyogramme des muscles de la nuque (2). Les tracés corticaux de l'éveil et du sommeil paradoxal sont identiques, c'est pourquoi il faut enregistrer l'activité musculaire pour déceler le sommeil paradoxal sur un enregistrement polygraphique* (U 52 INSERM).

stade de sommeil léger. Le rêve devenait le troisième état du cerveau, aussi différent du sommeil que le sommeil l'est de l'éveil.

Le concept de rêve comme troisième état du cerveau n'est qu'un nouvel avatar d'un concept millénaire – celui des *Upanishads* de la mythologie hindoue – pour qui le

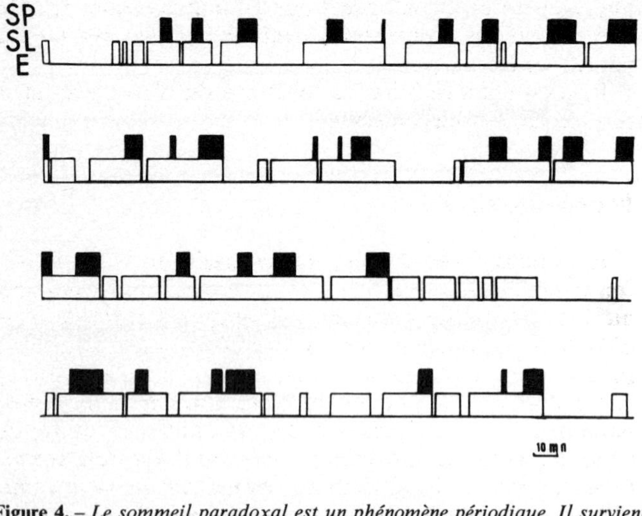

Figure 4. – *Le sommeil paradoxal est un phénomène périodique. Il survient chez le chat au cours du sommeil avec une périodicité de 25 minutes (chaque ligne représente 4 heures d'enregistrement). Il semble que la périodicité du sommeil paradoxal soit proportionnelle au log. de la masse d'un animal. (7 minutes chez la souris, 90 minutes chez l'homme, 180 minutes chez l'éléphant.) La nature intime du « pacemaker ultradien » responsable de cette périodicité est inconnue (U 52 INSERM).*

cerveau humain subit l'alternance de l'éveil, du sommeil sans rêve, et du sommeil avec rêve.

Or, les neurobiologistes n'avaient pas besoin d'un troisième état du fonctionnement cérébral. En effet, l'alternance éveil-sommeil est *a priori* satisfaisante pour expliquer l'alternance « activité-repos » de nos cellules cérébrales, au moins de celles qui sont responsables de l'activité nerveuse supérieure.

Devant ce nouveau continent découvert dans le cerveau, la neurophysiologie allait adopter deux attitudes afin d'essayer de trouver une explication à l'activité onirique : l'une globale – à la recherche de l'histoire naturelle de ce phénomène : quand commence-t-il au cours de l'évolution phylogénétique et ontogénétique ? L'autre réductionniste : que sait-on des mécanismes neurobiologiques du sommeil paradoxal ?

Peut-on enfin déduire les fonctions du rêve de ses structures et de ses mécanismes ?

Phylogenèse du rêve

Résumons d'abord l'histoire naturelle du rêve : le rêve (ou sommeil paradoxal) est-il l'apanage de tous les animaux, au moins de tous les vertébrés (le sommeil étant déjà bien difficile à reconnaître chez une bactérie, une huître ou un moustique) ? La réponse est négative : nul n'a encore pu enregistrer avec certitude un état similaire au sommeil paradoxal chez les poissons, les amphibiens, les reptiles (sauf peut-être le crocodile), alors qu'il est relativement facile d'y reconnaître le sommeil. Ainsi tout se passe comme si les vertébrés inférieurs (poïkilothermes) n'avaient pas eu « besoin » de sommeil paradoxal.

En revanche, à partir des oiseaux et chez tous les mammifères – et donc chez les homéothermes – il est facile de mettre en évidence le sommeil paradoxal. Il existe des variations considérables selon les espèces – de la poule (qui ne rêve que 25 minutes chaque nuit, comme la vache) au chimpanzé (90 minutes) et à l'homme (100 minutes). Le champion des rêveurs est le chat domestique (200 minutes par jour). Ainsi, ce n'est pas le critère de cérébralisation qui sert à mesurer la quantité de rêve d'une espèce. C'est pourquoi beaucoup d'autres corrélations ont été proposées. L'une des meilleures est un « indice de sécurité ». Les animaux en sécurité dans leur biotope dorment plus facilement que ceux qui risquent d'être attaqués. Le sommeil leur ouvrira plus aisément les portes du rêve : l'histoire phylogénétique du rêve nous laisse donc sur une interrogation sans réponse. D'autant plus que le mystère du dauphin ne facilite pas la solution de cette énigme.

Parlons de notre frère marin en cérébralisation. Il est d'abord soumis à la malédiction d'Ondine, car il ne peut respirer que volontairement – choisir entre ne pas dormir ou mourir noyé ! L'évolution a résolu de façon élégante cette alternative. Le dauphin ne dort en effet qu'avec un seul hémisphère à la fois, contrôlant sa respiration alternativement avec son cerveau droit ou gauche (voir figure 5). En revanche, malgré plus de dix années de recherches menées par mon ami, le professeur Mukhametov, à Moscou et en Crimée, il n'a pas encore été possible d'enregistrer des périodes de sommeil paradoxal au cours du sommeil des dauphins. Cette absence de preuve n'est pas la preuve d'une absence, mais tant que cette énigme ne sera pas résolue, toutes les théories sur les fonctions du rêve resteront fragiles.

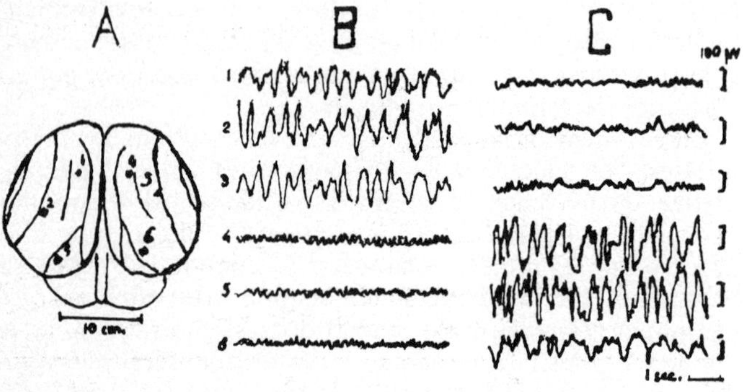

Figure 5. – *Le dauphin ne dort que d'un hémisphère à la fois.*
A : Schéma de l'emplacement des électrodes corticales sur un cerveau de dauphin.
B : Période de sommeil à ondes lentes au niveau de l'hémisphère droit, alors que l'hémisphère gauche est éveillé (activité rapide).
C : 20 minutes après, c'est l'hémisphère gauche qui « dort », alors que le droit est activé.
D'après Mukhametov et al., Brain Research, 1977, 134 : 581-584.

Ontogenèse du rêve

L'histoire ontogénétique nous apporte cependant des enseignements plus solides (voir figure 6). De nombreux travaux ont établi que plus un mammifère nouveau-né est immature (et plus sa thermorégulation est fragile), plus le temps occupé par le sommeil paradoxal est important : 50 % à 60 % de la durée du sommeil pour un nouveau-né humain, 80 à 90 % de la durée du sommeil pour un chaton ou un raton nouveau-né. Il a même été vérifié qu'à l'intérieur de l'utérus un fœtus de cobaye présentait une augmentation considérable de sommeil paradoxal. Il en est de même chez l'embryon du poussin *in ovo* quelques jours avant l'éclosion.

Ainsi, c'est au moment où s'achèvent la maturation et

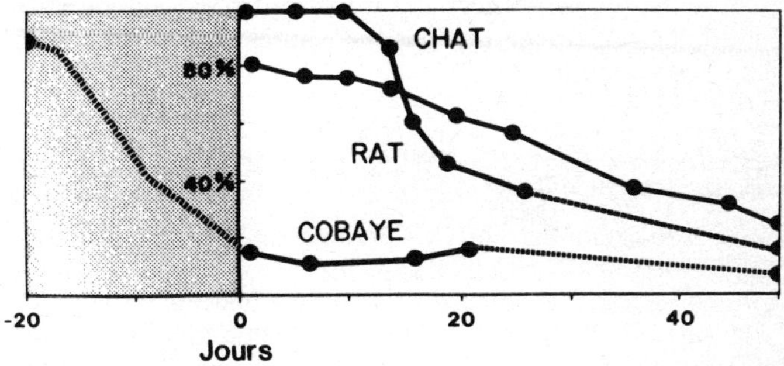

Figure 6. – *En ordonnée, pourcentage du sommeil paradoxal (par rapport à la durée totale du sommeil) chez le chaton, le raton, et le cobaye. Ce dernier naît avec un système nerveux presque achevé et son taux de sommeil paradoxal est bas (comme chez la plupart des herbivores). Par contre, le fœtus de cobaye,* in utero, *présente une augmentation importante du sommeil paradoxal vingt jours avant la naissance, lorsque le degré d'immaturité de son cerveau est similaire à celui du chaton ou raton nouveau-né.*
– En abscisse, les jours avant et après la naissance.
*D'après D. Jouvet-Mounier et L. Astic (*U 52 INSERM*).*

la programmation génétique du système nerveux que le sommeil paradoxal, qui deviendra ensuite le rêve, atteint son taux le plus grand, pour décroître ensuite. Voilà un bien étrange phénomène, il faut en convenir.

Mécanismes du rêve

Dans quel but l'évolution a donc inventé le rêve chez les homéothermes ?

Un début possible d'explication est apporté par la voie réductionniste de la neurophysiologie expérimentale qui, depuis une vingtaine d'années, a réussi à démonter la machinerie intrinsèque du rêve et à répondre aux questions suivantes (voir figure 7) : Quelles sont les structures cérébrales nécessaires et suffisantes au déclenchement périodique des phénomènes « exécutifs » du rêve ? Comment interagissent-elles ? Enfin, où se trouvent les systèmes dits permissifs qui empêchent le rêve d'apparaître au cours de l'éveil, et seulement (en général) après une phase assez longue de sommeil ?

Quelles sont donc les parties du cerveau suffisant au déclenchement du rêve ?

Ni l'ablation du cortex cérébral ni celle du cervelet n'entraînent d'altérations significatives dans l'apparition du sommeil paradoxal. Bien plus, malgré l'ablation entière des structures situées en avant du pont (incluant l'hypothalamus et l'hypophyse), le sommeil paradoxal continue à apparaître périodiquement. Les signes électriques caractéristiques du sommeil paradoxal apparaissent au niveau du pont accompagnant les mouvements latéraux des yeux et les variations cardio-respiratoires. Étant donné que le pont et le bulbe sont suffisants à l'apparition périodique du sommeil paradoxal, il doit donc se trouver au niveau de ces structures des systèmes dits « exécutifs » responsables à la fois de

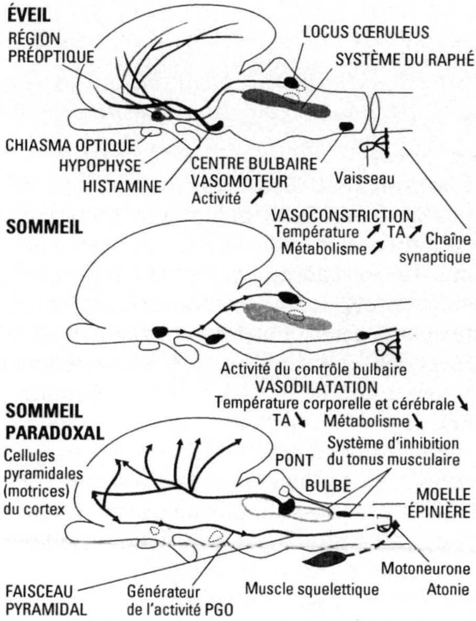

Figure 7. – *Représentation extrêmement schématique des processus initiant les 3 états de fonctionnement du cerveau. Au cours de l'éveil, il y a activation des systèmes aminergiques (sérotoninergique du raphé, noradrénergique du locus cœruleus) et histaminergique au niveau de l'hypothalamus postérieur. Un relais bulbaire adrénergique commande l'excitation du système sympathique. Il est responsable de la vasoconstriction, de l'augmentation de la température centrale et du métabolisme.*
Le sommeil apparaît lorsque, sous l'influence probable de la sérotonine libérée au cours de l'éveil, la région préoptique est activée. Son activation, par l'intermédiaire d'un facteur encore inconnu, va mettre en jeu une cascade d'inhibitions intéressant les systèmes aminergiques. Il y a également diminution de l'activité du système bulbaire, vasodilatation, donc perte de chaleur, diminution du métabolisme. Le sommeil paradoxal ne peut commencer que lorsque les systèmes aminergiques sont silencieux. Leur inhibition dépend à la fois du facteur libéré par la région préoptique et de l'arrêt du système bulbaire. Les mécanismes exécutifs du sommeil paradoxal peuvent alors entrer en jeu.

l'apparition périodique et du déroulement du sommeil paradoxal.

Les structures « exécutives » ponto-bulbaires responsables du sommeil paradoxal ou la « machinerie intrinsèque primitive » du rêve.

Les mécanismes de base du sommeil paradoxal sont responsables de deux fonctions qui sont complémentaires. D'une part, elles mettent en jeu un système endogène d'excitations du cerveau au moyen de l'activité PGO (ponto-géniculo-occipitale). Cette stimulation entraîne l'excitation des systèmes sensoriels (surtout visuels) et des systèmes moteurs (neurones pyramidaux de l'aire motrice). Ainsi, des influx descendants moteurs vont répondre à ces stimulations et gagner la moelle épinière pour déclencher des gestes et des comportements. C'est pour empêcher cette activité motrice qu'un deuxième mécanisme doit entrer en jeu. Il vient bloquer, par une inhibition descendante puissante, les neurones moteurs de la moelle. Ainsi, le rêveur se trouve paralysé et ne peut bouger.

L'activité ponto-géniculo-occipitale (PGO) : la topographie des neurones (fort probablement cholinergiques) qui constituent le « générateur » endogène de l'activité PGO du rêve a été délimitée avec précision. Elle est située dans la formation réticulée pontique. Nous connaissons également les voies qui conduisent l'activité PGO au niveau des noyaux moteurs oculaires (où elle déclenche les mouvements rapides des yeux). Les voies ascendantes menant au cortex cérébral, soit directement, soit par l'intermédiaire de relais thalamiques, ont également été délimitées avec précision. L'activité du générateur PGO semble donc intéresser (programmer ?) tout l'encéphale. C'est-à-dire que si l'on introduit une microélectrode dans n'importe quel endroit du cerveau, on a environ 60 % de chances d'enregistrer l'activité unitaire d'un neurone qui est asservie (soit augmentée, soit diminuée) par l'activité PGO du générateur. On ne connaît cependant pas encore sur quels « types » (immunohistochimiques) de cellules corticales se projette l'activité PGO, bien que l'on devine que les récepteurs mis en jeu soient « nicotiniques » au niveau de certains relais « stratégiques ».

Le frein moteur dépend de trois étages. Le premier est un étage de commande qui est le seul à être soumis à une régulation par les systèmes permissifs (voir plus loin). Les autres sont des étages d'exécution. L'étage de commande bilatérale est situé à côté du locus cœruleus, au niveau d'un petit groupe de cellules appelé locus cœruleus alpha. Ce groupe de cellules, dont le transmetteur est encore inconnu, est normalement freiné pendant l'éveil et le sommeil par un système « permissif » puissant, celui du locus cœruleus dont les terminales libèrent de la noradrénaline. Ainsi, pendant l'éveil ou le sommeil, l'activité électrique du locus cœruleus est importante, alors que celle du locus cœruleus alpha est nulle. L'activité « du frein du frein » (c'est-à-dire du locus cœruleus) diminue au cours du sommeil puis cesse complètement au début du sommeil paradoxal (neurones *PS off*). Le locus cœruleus alpha entre alors en jeu (neurones *PS on*). L'activité électrique de ses neurones qui était silencieuse croît brusquement. Des influx excitateurs sont alors envoyés au deuxième étage, bulbaire, par l'intermédiaire d'un faisceau descendant. L'arrivée des signaux excitateurs au niveau du noyau magno-cellulaire bulbaire (appelé ainsi parce qu'il contient des cellules de grande taille) entraîne à son tour l'excitation de ce noyau qui envoie des influx descendants inhibiteurs gagnant la moelle épinière. Ils viennent bloquer, au niveau des neurones moteurs alpha (ceux qui innervent directement les muscles), l'excitation qui arrive d'autre part par le faisceau pyramidal (mis en jeu par les cellules corticales sous l'influence de l'activité PGO). Quelquefois, certains influx moteurs particulièrement puissants peuvent franchir cette barrière inhibitrice, provoquant de petits mouvements des doigts, des oreilles (chez le chat) ou des vibrisses (les moustaches du chat). Seuls les neurones moteurs oculaires (et les mécanismes de la respiration) échappent à cette intense activité inhibitrice.

Le comportement onirique

Il est donc possible de prévoir ce qui doit se passer si l'on réalise une lésion bilatérale, aussi précise que possible (ce qui n'est pas si facile), du premier étage pontique du système de frein (locus coeruleus alpha) ou du faisceau descendant qui en est issu. Le système de freinage étant détruit, rien ne pourra plus bloquer, au cours du rêve, les décharges motrices venant exciter les motoneurones alpha. Il devient ainsi possible d'observer le « comportement onirique ». Ce comportement extraordinaire peut être résumé ainsi : aucun trouble moteur, ni aucune altération du comportement ne peuvent être mis en évidence au cours de l'éveil. Le sommeil à ondes lentes est normal. Au moment où apparaissent les premières « pointes PGO » annonçant le sommeil paradoxal, le chat endormi ouvre les yeux et lève la tête, « regardant » en haut, à droite et à gauche : cette séquence d'« exploration visuelle » (alors que l'animal ne réagit pas aux stimuli visuels) est constante mais paradoxale : le chat tourne la tête à droite, mais regarde à gauche et inversement. Elle est suivie par des comportements variés mais imprévisibles. L'animal se lève alors brusquement et se met à marcher. Il semble courir après une proie imaginaire, s'arrêtant pour jouer avec sa proie avec le geste caractéristique du chat qui a attrapé un poisson. Brusquement peuvent survenir des comportements de peur (avec les oreilles en arrière), de rage (avec ouverture de la gueule), ou d'attaque (avec mouvements brusques des pattes antérieures). Plus rarement apparaissent des mouvements de léchage. Ceux-ci ne sont pas dirigés vers un but. Parfois le chat lèche sa fourrure, plus souvent le plancher de la cage. Si l'on fixe un morceau de sparadrap sur la fourrure du chat, il la léchera pendant l'éveil.

Cependant, le léchage ne sera pas dirigé à cet endroit pendant le comportement onirique. Même affamé, un chat ne se dirigera pas vers un morceau de viande qu'on lui présente pendant ces périodes. Aveugle temporairement, et sourd puisqu'il ne réagit pas aux stimulations auditives, le chat est ainsi entièrement gouverné par un système endogène qui a pris possession de son cerveau et *qui le rêve...*

Si l'explication intrinsèque du comportement onirique est relativement facile, de nombreux problèmes restent à résoudre.

L'absence de réaction aux stimuli visuels et auditifs est compréhensible : elle témoigne du blocage complet ou incomplet des afférences visuelles et auditives mis en évidence au cours du sommeil paradoxal. Il est donc évident que ces comportements sont *sans objet*.

Ainsi, l'attaque onirique s'oppose à l'attaque d'une proie pendant l'éveil, ou au comportement déclenché par la stimulation de l'hypothalamus au cours duquel l'animal attaque n'importe quel objet (la main de l'expérimentateur par exemple) mais n'attaque jamais dans le vide. Le seul comportement qui pourrait offrir quelque comparaison est le jeu, lorsque les chatons peuvent courir après une feuille et parfois attaquent un ennemi imaginaire. En ce sens, comme l'avait remarqué Piaget, le rêve ressemble à un « jeu » intérieur du cerveau.

Les relations entre les différents comportements oniriques et l'activité PGO sont probables mais très difficiles à analyser. D'une part, la succession quasi stochastique de l'activité PGO se prête mal à toute tentative de « sémantisation », d'autre part, la complexité d'un comportement de fuite ou d'attaque, mettant en jeu un nombre quasiment illimité de muscles, ne permettent pas d'analyser en détail l'activité des différents muscles en rapport avec l'activité PGO. Seule la composante d'« orientation » visuelle sans objet au début du comportement onirique est relativement facile à corréler avec l'« alphabet PGO ».

Si l'on admet la relation, au moins indirecte, entre

l'activité du générateur endogène de l'activité PGO et les divers comportements oniriques, il reste encore à déterminer à quel niveau ils s'organisent, se diversifient et s'aiguillent. Sur cette question, nous n'en savons pas plus que les neurophysiologistes étudiant les divers comportements stéréotypés de l'éveil en réponse à des stimuli extérieurs ou à des stimulations centrales : importance probable de l'amygdale, de l'hypothalamus, et enfin d'une aire locomotrice située à proximité du générateur de l'activité PGO...

Les systèmes permissifs

Cette qualification de permissif est apparue récemment dans la littérature anglo-saxonne. Elle est devenue, hélas, d'usage courant. Elle signifie que ces systèmes, lorsqu'ils sont inactivés, permettent au rêve d'apparaître. Les termes de systèmes inhibiteurs, système de blocage, système d'arrêt, seraient aussi valides.

Ces systèmes sont constitués par les neurones monoaminergiques du tronc cérébral (qui contiennent la sérotonine et la noradrénaline) et sans doute les neurones à histamine découverts récemment dans l'hypothalamus postérieur. Les neurones sérotoninergiques sont situés dans le système du raphé et la plupart des neurones noradrénergiques dépendent du locus cœruleus. Ces systèmes sont actifs pendant l'éveil.

Il est probable que la libération de sérotonine au niveau de l'hypothalamus antérieur (région préoptique) au cours de l'éveil mette en jeu la libération d'un facteur (peptide ?) qui sera à son tour responsable de l'endormissement et de la diminution de la température centrale. Ainsi, c'est l'éveil qui conduira au sommeil, selon l'adage de Zarathoustra : « *No small art is it to sleep, it is necessary for that purpose to keep awake all day* ». On ne connaît pas encore la cause exacte de la diminution et de la disparition d'activité des systèmes aminergiques au début et au cours du sommeil paradoxal. Ce mécanisme est sans doute plurifactoriel. Il semble cependant qu'un groupe de cellules situé dans le bulbe (dans la région du noyau paragigantocellulaire) puisse jouer un rôle capital. Ce groupe est responsable du contrôle de l'activité sympathique et semble être le principal système qui excite le locus coeruleus. La diminution d'activité des neurones sympatho-excitateurs entraîne une vasodilatation périphérique au cours du sommeil (perte de chaleur et donc abaissement de la température centrale) et il est possible qu'elle entraîne également une absence d'excitation des systèmes dit permissifs. Ainsi, s'objectivent de nouvelles régulations reliant la thermorégulation au sommeil et au rêve. Ces régulations ne sont pas faciles à analyser. Le cycle veille-sommeil commande-t-il le cycle de la température centrale ? ou ne serait-ce pas l'inverse ? L'invention de l'homéothermie par un ancêtre commun aux oiseaux et aux mammifères, ou une invention indépendante au cours de leur longue histoire évolutive aurait-elle eu pour conséquence l'invention du sommeil paradoxal ?

Fonctions du rêve

Il existe donc encore beaucoup de questions sans réponse (et beaucoup de travail pour les médecins qui essaient de comprendre les nombreux troubles du cycle éveil-sommeil-rêve et pour les neurobiologistes). Cependant nous ne pouvons pas encore trouver une fonction (ou des fonctions) au rêve à partir de ces mécanismes que nous venons de résumer trop brièvement. Il existe sans doute autant de théories (ou d'hypothèses neurobiologiques) concernant les fonctions du rêve qu'il y a de chercheurs dans ce domaine : rêve sentinelle, allégeant périodiquement le sommeil pour permettre la survie en milieu hostile, rêve transformant la mémoire à court terme en mémoire à long terme, rêve facilitant (ou inhibant) les transferts entre hémisphère droit et gauche, rêve épiphénomène sans intérêt (comme les fantasmes de la vie éveillée), rêve obligatoire pour effacer les informations sans intérêt (rêve oubli)... C'est sans doute pour avouer mon ignorance que je proposerai brièvement une hypothèse personnelle non réfutable – et donc encore non scientifique.

Il nous faut revenir à l'activité PGO issue du pacemaker pontique qui est, je le crois, la clé du mystère du rêve, car c'est elle qui est très probablement responsable du comportement onirique. Cette activité PGO est-elle en relation avec des événements vécus auparavant, ou est-elle indépendante de l'histoire de l'individu ? Un début de réponse nous est apporté par la génétique, sur la seule espèce rêveuse chez qui il soit possible de faire des expériences de génétique, la souris. Il semble en effet que le message délivré par le générateur du rêve soit soumis à un déterminisme génétique, chaque souche de souris ayant un code *(pattern)* différent (voir figure. 8). Plus récemment, des expériences faites sur des jumeaux monozygotes humains ont montré la similarité de l'organisation des mouvements oculaires par rapport à des jumeaux hétérozygotes. C'est donc la mémoire génétique de chaque individu qui semble s'exprimer au cours du rêve.

Nous pénétrons sans doute au cœur du problème – champ clos de querelles idéologique –, celui de l'inné et de l'acquis, et la question peut alors être posée : si le rêve apparaît être une programmation du cerveau soumis à un contrôle génétique, ne serait-il pas responsable, chez l'animal, des variations interindividuelles des comportements instinctifs et chez l'homme, de cette part innée ou héréditaire de notre personnalité ? Celle qui ne se laisse pas, ou peu, influencer par le milieu, la culture ou l'apprentissage, l'« hérédité psychologique ». Des exemples spectaculaires de cette hérédité psychologique ont été publiés récemment par Bouchard à l'Université du Colorado, à la suite d'études des profils psychologiques de paires de vrais jumeaux ayant été séparés dès la naissance et élevés dans des milieux différents.

Homo fit non nascitur disaient les environnementalistes depuis Locke. *Homo nascitur non fit* leur répondaient les

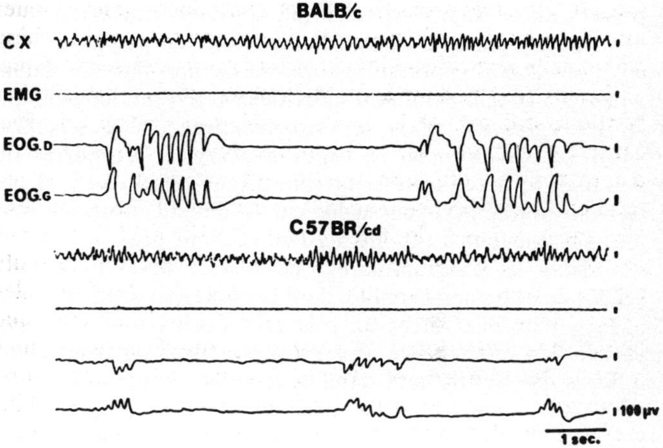

Figure 8. – *Les mouvements oculaires au cours du sommeil paradoxal ont des aspects différents chez des souches de souris différentes. Le croisement des souris et le croisement en retour de la progéniture avec les parents permet de démontrer qu'il existe un facteur génétique dans l'organisation des mouvements oculaires. (D'après R. Cespublio et al.,* U 52 INSERM.*)*

nativistes ou innéistes. Il faudrait plutôt leur répondre : l'homme est rêvé. C'est le rêve qui fait chacun d'entre nous différent, puisque c'est à ce moment-là qu'une programmation itérative vient effacer les traces de tel ou tel apprentissage, ou au contraire les renforcer, si elles sont en accord avec la programmation génétique du rêve (car les neurones des homéothermes ne se divisent plus, contrairement à ceux des poïkilothermes). Il n'existe donc pas au niveau du cerveau de système permettant, grâce à l'ADN, la conservation des traits héréditaires que l'on observe au niveau des autres organes, comme le nez des Bourbons par exemple.

Programme génétique, donc sélectionné au cours d'une évolution « épiméthéenne » pour qu'il existe au sein d'une population de souris par exemple un polymorphisme suffisamment important d'individus agressifs ou peureux, lents ou rapides pour apprendre, inhibés ou non par l'émotion. Ainsi, un certain nombre d'individus survivront, les peureux ou les agressifs, selon les circonstances de la sélection naturelle. Avons-nous le droit d'extrapoler et parler de potentialité héréditaire pour être timide ou agressif, musicien ou mathématicien, si les conditions du milieu le permettent, ou tout au moins ne l'empêchent pas ?

Gardien et programmateur périodique de la part héréditaire de notre personnalité, il est possible que chez l'homme le rêve joue également un rôle prométhéen moins conservateur. En effet, grâce aux extraordinaires possibilités de liaisons qui s'effectuent dans le cerveau au moment où les circuits de base de notre personnalité sont programmés, pourrait alors s'installer un jeu combinatoire varié à l'infini – utilisant les événements acquis – et donnant naissance aux inventions des rêves, ou préparant de nouvelles structures de pensée qui permettront d'appréhender de nouveaux problèmes.

On conçoit alors l'importance des cent minutes de rêve qui surviennent périodiquement chaque nuit, lorsque notre température centrale est la plus basse. Ces cent minutes de rêve, dont nous ne pouvons ni déclencher le début, ni contrôler le contenu, jouent certainement un rôle capital dans les premières années de notre vie. Elles continuent à programmer itérativement sans doute les réactions les plus subtiles de notre « conscience » éveillée. L'intuition géniale d'un poète l'avait déjà perçu : « Je est un autre. »

Questions diverses

Q. : Est-ce que le somnambulisme serait du rêve pendant lequel le tonus musculaire serait conservé ?

R. : *C'est une très bonne question qui m'est toujours posée. La réponse est* NON. *Le somnambulisme survient en effet toujours au cours du stade de sommeil lent profond (stades 3 ou 4) chez l'enfant ou l'adolescent. On l'interprète comme un éveil incomplet du cerveau ; l'individu est alors capable de faire de nombreux gestes bien coordonnés, mais il ne garde pas le souvenir de son état, car les phénomènes de mémorisation sont supprimés.*

Q. : Est-ce que l'on peut abréger volontairement la durée de son sommeil pendant longtemps ?

R. : *On peut certainement le faire en réglant son réveil 2 heures avant son lever habituel, mais il n'est pas sûr que ce processus n'entraîne pas à la longue des troubles qui se révéleront par un abaissement de la vigilance au cours de la journée. La durée du sommeil semble être génétiquement programmée chez chaque individu. Certains peuvent se contenter de 4 à 5 heures de sommeil, tandis que d'autres auront besoin de plus de 9 heures. La meilleure façon de savoir si l'on a assez de sommeil est l'absence de tout trouble de la vigilance au cours de la journée (bâillements, envie de dormir...).*

Q. : Est-ce qu'il existe des hypnotiques qui font dormir de façon physiologique ?

R. : *Pas encore, mais il y a beaucoup de moyens non pharmacologiques et de bon sens qui permettent de remédier à la plupart des insomnies (absence d'excitants, de tabac, petite promenade, une tasse de lait froid pour ceux qui le supportent, et l'activité sexuelle chez l'homme).*

Q. : Existe-t-il des drogues qui peuvent augmenter l'éveil ?

R. : *Oui, les premières connues furent les amphétamines qui furent d'ailleurs employées pour la première fois lors de l'attaque des Allemands contre la Crète en 1941. Mais les amphétamines sont dangereuses, car elles entraînent une accoutumance et une dépendance. Il y a actuellement de nouvelles molécules françaises qui permettent d'augmenter la qualité et l'intensité de l'éveil sans entraîner d'accoutumance et de dépendance. J'ai proposé que l'on donne à ces molécules le nom d'« Eugrégoriques » qui vient de* eu *qui veut dire « bon » et* gregor *qui veut dire « éveil » en grec.*

Q. : Est-il important que les enfants dorment beaucoup ?

R. : *Oui. Le sommeil joue un rôle capital dans la vie de l'enfant, car c'est à ce moment-là qu'est libérée l'hormone de croissance. Étant donné que l'enfant doit se lever relativement tôt pour aller à l'école, il est donc très important qu'il puisse se coucher tôt. C'est pourquoi il ne devrait pas y avoir d'émissions à la télévision pour les enfants après 20 heures.*

GLOSSAIRE

Activité ponto-géniculo-occipitale (PGO) : Activité spécifique du sommeil paradoxal chez l'animal responsable des mouvements oculaires rapides. Elle n'a pu être enregistrée que très indirectement chez l'homme au moyen d'électrodes placées au niveau de la région occipitale.

Cataplexie : Affection caractérisée par la perte soudaine du tonus sous l'influence d'une émotion. Elle accompagne la narcolepsie.

Entoptiques (images) : Sensations lumineuses nées dans la rétine.

Évolution « épiméthéenne » : Épiméthée était le frère stupide de Prométhée. Par exemple, la « sélection naturelle », qui est à la base de l'Évolution, est épiméthéenne; elle ne peut « prévoir » et seuls certains mutants peuvent survivre à des variations importantes de l'environnement. Une évolution « prométhéenne » pourrait anticiper des événements futurs. Cf. Ohno, S. – « Promethean evolution as the biological basis of human freedom and equality ». *Perspectives in Biology and Medicine*, 1976, 19 : 527-532.

Homéotherme : Se dit des animaux improprement appelés à sang chaud dont la température est constante et indépendante de celle du milieu ambiant.

Hypnagogiques (images) : Images qui surviennent à l'endormissement.

Hypnogramme : Représentation en deux dimensions du déroulement d'une nuit de sommeil en mettant en ordonnée les différents stades du sommeil et en abscisse le temps.

Hypnopompiques (images) : Images se produisant au réveil.

Hypnotoxines : Toxines qui seraient responsables du sommeil.

Métapsychologie : Description d'un processus psychique dans ses différentes relations dynamiques, topiques et économiques. Terme créé par Freud.

Narcolepsie : Exagération pathologique du besoin de dormir.

Poïkilothermes : Se dit des animaux improprement appelés à sang froid et dont la température subit les mêmes variations que celles du milieu ambiant.

Sommeil à ondes lentes : Stade du sommeil qui s'accompagne d'ondes corticales de grande amplitude et de la conservation du tonus musculaire.

Sommeil paradoxal : État du sommeil qui se caractérise par une activité électrique similaire à l'éveil, des mouvements oculaires rapides et la disparition totale du tonus musculaire.

III

Mémoires et « cerveau dédoublé » au cours du rêve

A PROPOS DE 2 525 SOUVENIRS DE RÊVES *

LES TROIS VOIES QUI MÈNENT AU RÊVE

Depuis une vingtaine d'années, l'étude des mécanismes et de la (ou des) fonctions du rêve a emprunté trois voies principales. La première explore le rêve « par en dedans » en étudiant le contenu subjectif des rêves par l'analyse de leurs souvenirs. Les deux autres, objectives et expérimentales, explorent le rêve « du dehors » ; elles reposent sur l'hypothèse de l'identité entre les mécanismes du rêve et ceux du sommeil paradoxal qui en est le support neurobiologique.

L'approche neurophysiologique

L'une de ces approches est résolument réductionniste. Elle a permis, grâce à la neurophysiologie expérimentale,

* Cet article, dont une partie a fait l'objet d'une conférence à la réunion de l'« Association for Psychophysiological study of sleep », organisée à Palo Alto en 1978, a paru dans *La Revue du praticien*, 1979, 1, 29-32.

de délimiter au sein du tronc cérébral certains systèmes de neurones dont la mise en jeu simultanée au cours du sommeil provoque le sommeil paradoxal.

Très schématiquement, tout se passe comme si un « générateur », semblable à un pacemaker situé dans la formation réticulée pontique, était responsable de l'activation phasique de la grande majorité des neurones cérébraux.

Cependant, les mouvements résultant de l'excitation des systèmes pyramidaux et extrapyramidaux sont bloqués au niveau des motoneurones spinaux par un deuxième système descendant, voisin du générateur. Seuls les mouvements des yeux et de quelques petits muscles de la face échappent à ce blocage. Ainsi les mouvements oculaires constituent un reflet précieux de l'activité du générateur. Mais nous ne possédons pas encore le « chiffre » permettant le décodage de leurs modalités d'apparition.

La poursuite de la voie réductionniste a cherché ensuite à déterminer la structure histochimique des systèmes neuroniques mis en jeu au cours du sommeil paradoxal, les neurotransmetteurs, neuromodulateurs ou neurohormones qui en sont les effecteurs, et enfin leurs régulations-enzymatiques. Mais que peut nous apprendre la constante de Michaelis d'une enzyme sur la nature des rêves ?

L'approche phylo- et ontogénétique

L'autre méthode expérimentale a suivi une approche globale, holistique, en décrivant l'histoire naturelle du sommeil paradoxal par l'étude de son évolution phylogénétique et ontogénétique.

Nous savons ainsi que ce troisième état du cerveau fut « inventé » par l'évolution à partir des oiseaux, peut-être en même temps que l'homéothermie. Il est probable que, chez les mammifères, la quantité de sommeil paradoxal (liée étroitement au sommeil) est en rapport avec les conditions éco-éthologiques de sécurité du biotope [1]. Nous savons aussi que la quantité de sommeil paradoxal, ou un état fort similaire, est d'autant plus grande que le cerveau est immature : un embryon de poussin *in ovo,* un potoroo nouveau-né *in marsupio,* un cobaye ou un agneau *in utero,* un prématuré humain *in incubatione* présentent ainsi les index polygraphiques cardinaux du sommeil paradoxal. Leurs mouvements oculaires n'ont pas de relation avec une éventuelle imagerie onirique car les voies visuelles et le cortex ne sont pas encore achevés. La mise en jeu de la machine neurophysiologique précède ainsi l'apparition de la conscience onirique comme elle précède la prise de conscience du moi.

L'histoire naturelle du sommeil paradoxal, comme l'approche réductionniste même poussée dans les derniers retranchements moléculaires [2], ne nous permettent donc pas encore de rendre compte de l'émergence des *fonctions du sommeil paradoxal. Celles-ci pourront sans doute un jour être expliquées par celles de ses constituants, mais elles ne peuvent pas en être déduites.*

L'approche « par en dedans » : l'étude des souvenirs de rêves

La première voie, la plus ancienne, celle de l'étude du contenu des souvenirs de rêves (SR), conduit-elle également à une impasse ?

La *neurophysiologie expérimentale* s'y est presque engagée, mais est restée sur les positions objectives de la démarche éthologique : il est possible, en effet, de détruire sélectivement chez le chat le système responsable de l'inhibition du tonus musculaire au cours du sommeil paradoxal. Après une telle lésion, les animaux présentent, au

1. Allison T. and Cicchetti D.-V., « Sleep in mammals : ecological and constitutional correlates », *Science,* 1976, 194, 732-734.
2. Jouvet M., « Le sommeil paradoxal est-il responsable d'une programmation génétique du cerveau ? », *C.R. Soc. Biol. (Paris),* 1978, 172, 1-24.

cours de chaque période de sommeil paradoxal, des comportements stéréotypés d'exploration visuelle, de guet, de poursuite, d'attaque, de capture, de rage ou de peur. Mais comment savoir s'ils rêvent à un oiseau, à une souris ou à un prédateur ?

Il reste au neurophysiologiste à suivre la voie de l'*étude des SR chez l'homme.* Cette voie est semée d'embûches. Le SR est-il la traduction exacte de la scène onirique ou est-il transformé très rapidement par la conscience vigile du réveil ? En outre, le sujet, étant lui-même l'objet de l'étude, peut avoir inconsciemment modifié la rédaction de ses SR.

Ces réserves faites, il apparaît que l'*exploration du contenu manifeste* d'une longue série de SR permet de retrouver quelques éléments significatifs dont l'interprétation neurobiologique permet certaines hypothèses. Celles-ci devront attendre, bien sûr, d'être infirmées ou confirmées par des études d'autres séries de SR si un jour des « banques de rêves » se constituent.

Le matériel de cette étude est constitué par 2 525 SR recueillis immédiatement après un rêve au cours de la nuit ou le matin au réveil, entre décembre 1970 et août 1978, soit une fréquence de 0,9 SR/nuit. Le maximum atteint 9 SR/nuit, tandis que la plus longue période sans SR s'étend sur neuf jours. L'étude préliminaire, encore très incomplète, de ce matériel permet de retrouver certaines singularités dans le domaine des mémoires récentes et de l'activité des deux hémisphères cérébraux.

LES MÉMOIRES RÉCENTES DU RÊVE

Éliminant les SR en relation avec des événements vieux de plus de 15 jours, nous avons recueilli 400 SR dont il est facile de dater avec précision (entre 0 et 14 jours) l'événement incorporé dans le SR manifeste. 130 SR ont été recueillis dans des conditions de vie habituelle, en dehors de tout voyage, et 270 SR furent obtenus au cours ou après des voyages à l'étranger.

Conditions de vie habituelles

La *figure 1* représente la distribution des latences entre un événement et son souvenir onirique manifeste. Les résidus diurnes (latence de 0 jour) sont retrouvés 45 fois sur 130 SR (soit 34,6 %). Cette fréquence importante confirme une notion classique. Il existe ensuite une décroissance rapide jusqu'au sixième jour. Cette distribution décroissante est cependant interrompue par un pic significatif concernant l'incorporation des événements vécus 8 jours auparavant (13 sur 130 soit 10 %).

Au cours des voyages

L'incorporation préférentielle des événements vieux de 8 jours se retrouve dans l'étude des SR survenant au cours ou à la suite de voyages (au cours des quinze jours suivant la rentrée). Cette étude effectuée à la suite de vingt voyages (d'une durée de 5 à 20 jours) révèle l'existence d'une latence de 7 à 8 jours dans l'incorporation du *décor* de voyage dans l'espace onirique. Ainsi, sur 104 SR recueillis au cours des six premiers jours de voyage, un seul avait pour scène le nouvel environnement (même dans le cas de voyage en pays exotique ou de voyage en bateau). Le décor des résidus diurnes mettant en scène le rêveur et d'autres personnages était soit inconnu, soit situé dans l'environnement familier précédant le voyage. A partir du septième jour, apparaissent, avec une fréquence croissante, des SR dont le décor contient des éléments manifestes du pays visité.

Cette latence se retrouve ensuite au retour de chaque voyage puisque des SR en rapport avec le pays visité peuvent continuer à survenir chaque nuit pendant 7 à 8 jours *(fig. 2)*.

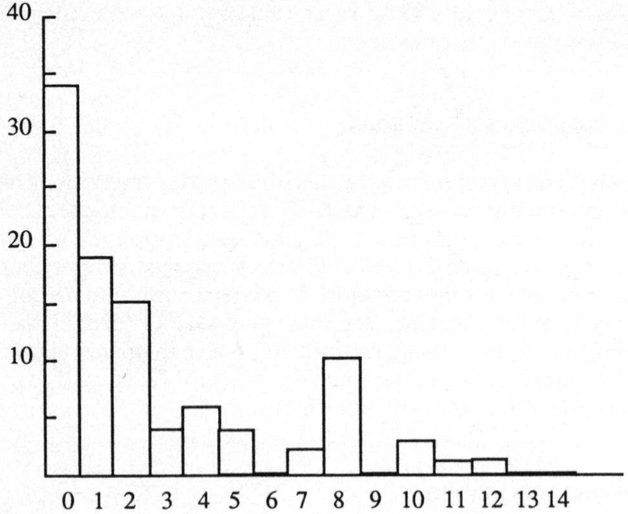

Figure 1. – *Histogramme de répartition des latences entre événements et leur incorporation dans 130 rêves.*
En ordonnée : *pourcentage.*
En abscisse : *durée de la latence. 0 indique les résidus diurnes, 1 j signifie les événements de la veille. Il existe un pic significatif à – 8 jours.*

L'hypothèse suivante permettrait d'expliquer à la fois le pic significatif des souvenirs vieux de 8 jours observé dans les conditions de vie habituelle et de latence de 7 à 8 jours nécessaire à l'incorporation d'un nouveau décor dans le contenu onirique. *On peut, en effet, supposer que le processus du rêve utilise deux sortes de mémoire. La première, dépourvue de paramètre spatial, serait en rapport avec les événements les plus récents. Cette mémoire, responsable des « résidus diurnes », décroîtrait rapidement (6 à 7 jours). La seconde mémoire, spatiale, demeurerait latente sur la scène onirique pendant 6 à 7 jours et serait responsable des souvenirs de l'environnement.*

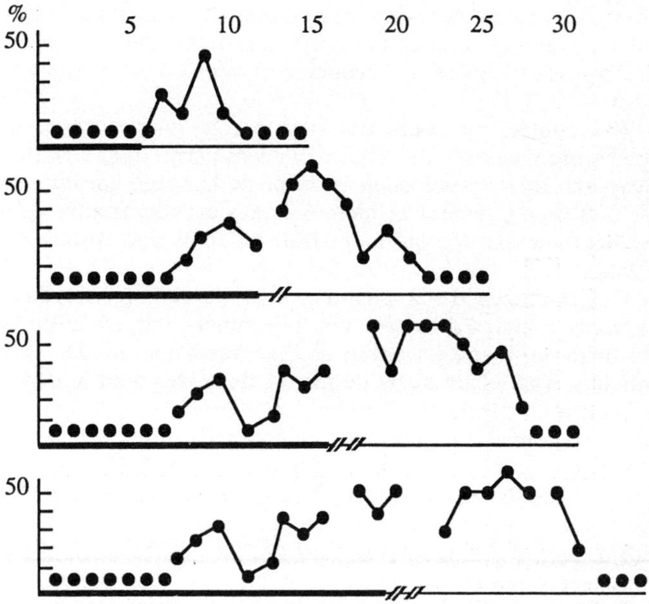

Figure 2. –*Apparition de la mémoire spatiale au cours des rêves.*
En ordonnée : *fréquence de rêves (en pourcentage) en rapport avec le pays étranger visité.*
En abscisse : *le trait gras noir indique des voyages de différentes durées (5, 10, 15 ou 20 jours). On remarque l'apparition des souvenirs de rêves en rapport avec le voyage vers le 7-8ᵉ jour et la persistance des* SR *après la fin du voyage lors du retour au domicile habituel. Les petits traits verticaux signalent l'absence totale de* SR *(due aux conditions de voyage de retour).*

Dans le cas le plus habituel de vie dans un décor familier et stable, il est difficile de mettre en évidence un élément de décor spécifique dans le théâtre onirique, car la plupart des scènes ont lieu dans des endroits familiers (lieu de travail, de séjour ou de trajet quotidien). Le fait que des résidus diurnes soient alors incorporés dans un décor habituel est statistiquement très probable et ne permet pas d'affirmer que ce décor est celui des résidus diurnes. D'autre part, l'environnement familier ne contient pas assez d'éléments spécifiques pour permettre de dater avec précision le décor des souvenirs d'événements vécus 8 jours auparavant.

Par contre, au cours des voyages, la nouveauté et la diversité renouvelée de l'environnement permettent de dater avec une relative précision le décor de la scène onirique et de dissocier aisément la mémoire sans espace, fugitive, de la mémoire spatiale qui n'apparaît qu'après une latence de 8 jours.

Cette latence de la mémoire spatiale se retrouve dans certains récits. Les rêves des prisonniers ont en effet le décor de la liberté au début de l'incarcération, tandis qu'il persiste, après leur sortie de prison, des rêves dont le décor demeure carcéral.

Ces données ne concernent que les mémoires récentes et il est probable que l'analyse exhaustive des 2 525 SR permettrait de déceler d'autres singularités dans la récurrence des SR, en rapport avec des événements anciens, qu'ils aient été ou non déjà incorporés dans des SR antécédents. Il est encore prématuré de trouver un support neurobiologique au phénomène de latence intéressant la réutilisation onirique de notre environnement. Si ce phénomène est confirmé sur d'autres séries de SR, il signifierait qu'il doit exister des circuits ou des mécanismes sélectifs intéressant la mémoire de notre environnement. Ces informations, aptes à être réutilisées sans latence au cours de l'éveil, subissent au contraire un effacement provisoire avant leur réutilisation sur le théâtre onirique.

LE CERVEAU DÉDOUBLÉ AU COURS DU RÊVE ?

Les rêves visuels et kinesthésiques sont de loin les plus fréquents (et dans 18 % des cas, ils sont en couleur dans notre série). Il existe cependant des rêves visuels et auditifs au cours desquels nous entendons nettement un message verbal qu'il est facile de transcrire au réveil, même s'il semble n'avoir aucun sens.

L'étude de 85 SR auditifs donne les résultats suivants :

– Dans 54 % des cas, le message sémantique est facilement retenu, tandis qu'il est impossible de reconnaître le visage de l'émetteur du message. Il s'agit soit d'un téléphone, soit d'une forme facile à reconnaître : agent de police, infirmière, ecclésiastique – *dont le visage est totalement oublié ;*

– Dans 20 % des cas seulement, l'émetteur du message peut être identifié : en général, le visage familier d'un proche ou d'un collègue ;

– Inversement, dans 13 % des cas, le visage du sujet émetteur d'un message est parfaitement identifié mais *le message verbal ou écrit est totalement incompréhensible.* Il s'agit alors d'une langue totalement étrangère, d'un lambeau de phrase mal compris ou, le plus souvent, d'un message trop faible pour être entendu, ce qui entraîne des efforts pour faire répéter le message ;

– Enfin 13 % des cas, à un visage non identifié correspond un message sémantique non compris ou étranger.

Ainsi, dans 67 % des cas, il existe une dissociation entre la reconnaissance du visage de l'émetteur d'un message et la reconnaissance du contenu sémantique de ce message. Cette proportion apparaît significative. Dans l'ouvrage de G. Perec *La Boutique obscure* [3], où sont transcrits sans commentaire 124 SR, une proportion similaire est retrouvée dans l'analyse des 64 premiers rêves (15 cas de dissociation contre 5).

Voici quelques exemples de ces dissociations empruntées à notre série de SR et à celle de G. Perec.

Souvenirs très précis du contenu sémantique d'un message dont l'émetteur a un visage inconnu ou oublié.

3. G. Perec, *La boutique obscure*, Denoël/Gonthier, 1973.

– Rêve n° 539, juin 1972... Dans une ville inconnue, je me promène dans une galerie intérieure (comme à Milan). Je rencontre M., il est très amaigri mais je le reconnais bien. Il est avec une *femme inconnue* qui semble porter une perruque noire. M. me croise sans me parler. La femme le quitte et vient vers moi. En passant, elle me dit à voix forte : *« il aime beaucoup les milliers de mètres de son intestin »*. Je pense qu'elle fait allusion à la gourmandise de M. et je suis très étonné...

– Rêve n° 1305, mars 1974... Aux Etats-Unis une *fille inconnue,* dont je ne me souviens pas du visage, me donne l'adresse d'un hôtel. Je peux la lire en caractères très petits sur son carnet. *Lexington. Riverside.* Je pense qu'il s'agit de Riverside Drive à New York, mais elle me dit très fort : *Riverside Avenue, 141st Street...* Il s'agit d'un hôtel dont le prix est de 5 000 dollars par mois...

– Rêve n° 2281, mai 1977... Dans un endroit inconnu, une *fille inconnue* accompagnée de sa mère qui est énorme s'approche de moi. Elle me dit que *« les chats n'enlèvent pas leurs bérets »*...

D'après G. Perec :

– Rêve n° 13, février 1970... Je demande quelles marques de whiskies ils ont au bar. *On* me répond un certain nombre de mots (du genre Long John, « glen... », Mac...) puis le mot *« Chivas »* que l'*on répète plusieurs fois* en le déformant (chavasse, chivelle, etc.)...

– Rêve n° 16, juillet 1970... Trois types entrent dans le café (*ce sont des flics* évidemment). Ils font très négligemment le tour de la salle. Peut-être ne m'ont-ils pas vu ? Je respire presque mais l'un d'eux veut s'asseoir à ma table. Je n'ai pas de papiers sur moi, dis-je. Il est presque sur le point de se lever et de partir... mais *il me dit à voix basse : copulez.* Je ne comprends pas. Il écrit le mot dans la marge d'un journal, *en grosses lettres noires :* COPULEZ...

Souvenirs de rêves où le visage de l'émetteur est parfaitement identifié mais dont le message n'a pas de caractère sémantique.

– Rêve n° 768, décembre 1972... Je rencontre, à Paris, un ami, B., je le reconnais bien mais l'appelle Jacques (ce qui n'est pas son prénom). B. est en train d'écrire un article qu'il me montre mais *je ne peux pas lire ce qu'il écrit. Insensiblement, son article se transforme en course de ski comme si je regardais la télévision.*

Rêve n° 1 052, juillet 1973... Dans un symposium aux Etats-Unis, M. (que je reconnais très bien) lit une communication avec un tel accent que je ne le comprends pas. R. (que je reconnais facilement, bien que je ne l'aie pas rencontré depuis plusieurs années) me fait alors *signe de la main* de m'avancer plus près de M. pour mieux comprendre ce qu'il dit.

– Rêve n° 1 292, mars 1974... Dans un congrès scientifique, avant de prendre la parole, je cherche des diapositives dans mon sac. M. prend alors la parole. Je le trouve rajeuni et il porte un costume bleu électrique. *Je n'arrive pas à l'entendre. Sa voix ne porte pas car le micro n'est pas branché...*

D'après G. Perec :

– Rêve n° 32, novembre 1970... Je suis avec Z. en haut des escaliers. Elsa Triolet passe en contrebas... Elle incline la tête dans ma direction. Je dis à Z. : « c'est Elsa Triolet ». Z. me demande comme j'étais petit quand elle m'a connu et me dit qu'elle va me présenter quelqu'un qui m'a connu encore plus petit. *Mais tout cela est dit de telle façon que je ne comprends pas s'il s'agit d'une femme ou d'un homme et si ça ne veut pas dire « encore plus petit que moi ».*

– Rêve n° 35, décembre 1970... Z. descend *merveilleusement belle.* Je l'entraîne dans une petite pièce étroite comme un boyau. Je lui dis que je vais la quitter. Elle me dit : « Je vais quand même te donner un... *(le nom m'échappe : tribu, diplôme, secret, cachet).* »

L'existence de cette dissociation pose les problèmes suivants : il est maintenant admis que la reconnaissance des visages (chez le sujet droitier) appartient à l'hémisphère droit et celle de la parole, ou de l'écriture, à l'hémisphère gauche. *On peut donc supposer qu'il existe un défaut d'association au moins temporaire entre les deux hémisphères au cours de certains rêves.*

Ce défaut d'association pourrait s'expliquer, en termes neurophysiologiques, de la façon suivante : alors que l'activité unitaire de la grande majorité des neurones corticaux et sous-corticaux augmente de façon importante au cours du sommeil paradoxal, le corps calleux (et certaines zones de l'hippocampe) constitue une remarquable exception mise en évidence par Berlucchi en 1965 [4]. L'activité unitaire calleuse devient en effet totalement silencieuse, mis à part de brèves bouffées au cours des mouvements oculaires du sommeil paradoxal. Dès la fin de celui-ci, l'activité unitaire calleuse augmente immédiatement qu'il s'agisse du retour au sommeil ou de réveil. Il semble donc exister, chez le chat, une inhibition active de la transmission des informations cortico-corticales au niveau de la commissure interhémisphérique au cours du sommeil paradoxal. S'il n'existe pas encore de résultat concernant l'activité calleuse chez les primates et *a fortiori* chez l'homme, il n'est pas téméraire de supposer que ce phénomène d'inhibition calleuse puisse survenir au cours des rêves. Ainsi la difficulté que l'on éprouve, après certains rêves, à décrire *à la fois* le message sémantique et le visage de l'émetteur pourrait être due au fait qu'à ce moment, l'activité calleuse a été temporairement inhibée. La vérification expérimentale de cette hypothèse est théoriquement possible : la mise en jeu de l'hémisphère droit (dans le cas de souvenirs de visage) devrait s'effectuer à partir du « générateur » pontique droit. Or celui-ci, en même temps, est responsable d'une inhibition du droit externe ipsilatérale et d'une excitation du droit externe controlatérale. Il devrait donc exister, au moment

4. Berlucchi G., « Callosal activity in unrestrained, unanesthetized cats », *Arch. Ital. Biol.*, 1965, *103*, 623-635.

de la reconnaissance d'un visage, une déviation des yeux du rêveur vers la gauche, tandis qu'il existerait une déviation des yeux vers la droite lorsqu'un message sémantique est reconnu. Le réveil systématique de rêveurs, sous contrôle polygraphique, selon la direction de leur déviation oculaire, devrait alors entraîner des SR venant d'hémisphères différents.

Ainsi, l'étude sémiologique, linguistique, neuropsychologique, de séries longitudinales de SR, chez de nombreux individus, de toute société, normaux ou pathologiques, pourrait fournir des renseignements complémentaires à l'analyse des quelques rêves élaborés et racontés avec retard sur le divan du psychanalyste.

En attendant que se constituent des *« banques de rêves »*, je voudrais livrer aux psychanalystes experts en jeu de mots le message suivant délivré dans cet aquarium du sommeil qu'est le rêve, par un émetteur sans visage, juste avant un récent réveil : « le génome ne joue aux boules qu'avec l'inconscient ».

IV
Le comportement onirique *

L'alternance veille-sommeil prend place dans le cycle circadien d'activité et de repos dont nous comprenons les avantages. La similarité de certains mécanismes du sommeil avec ceux de l'hibernation place ce repos dans le cadre général des mécanismes d'économie d'énergie de l'organisme.

Si nous ressentons subjectivement les bienfaits d'une bonne nuit de sommeil par la qualité de notre éveil (acuité de l'attention et de la mémoire), nous ne connaissons pas encore le substratum biologique de la fatigue cérébrale, de son apparition au cours de l'éveil prolongé et de sa disparition. Nous savons, grâce aux enregistrements de leur activité électrique, que les neurones ne se reposent pas *stricto sensu* mais ont une activité de type différent pendant le sommeil et pendant l'éveil. De plus, le sommeil n'est pas une activité uniforme : il existe plusieurs états de sommeil et notamment un état de sommeil correspondant à cette activité pleine de mystère qu'est le rêve.

* Paru dans *Pour la science*, n° 25, novembre 1979, pp. 136-152.

Pourquoi apparaissent périodiquement, au cours du sommeil, des périodes de rêve, dont on sait maintenant qu'il s'agit d'un autre état de fonctionnement du cerveau, aussi différent de l'éveil que l'éveil est différent du sommeil ? La nécessité biologique du rêve ne semble pas s'imposer puisqu'il semble perturber le repos réparateur de l'organisme. Le phénomène rêve trouble de surcroît le neurobiologiste qui n'avait pas besoin de cette complication supplémentaire pour décrypter le fonctionnement du cerveau. Or, le rêve existe et semble avoir été inventé par l'évolution en même temps que l'homéothermie puisqu'on l'observe chez les oiseaux mais non chez les amphibiens ou les reptiles ; on comprend mal comment le rêve peut constituer un avantage évolutif dans la mesure où il correspond à l'état où l'animal est le plus vulnérable : l'état de rêve est en effet le moment le plus dangereux du cycle à trois temps éveil-sommeil-rêve puisque le cerveau ferme la porte au milieu extérieur, et donc à d'éventuels dangers, pour s'ouvrir à un programme endogène. Le fait que seuls les homéothermes rêveurs aient survécu est un mystère qu'il faudra résoudre pour progresser dans l'établissement des modèles plus perfectionnés du cerveau. Toutes ces motivations font que l'étude des mécanismes et des fonctions du rêve est, depuis vingt ans, l'une des branches les plus actives de la science du sommeil.

Le rêve constitue un phénomène subjectif dont on ne peut appréhender la réalité que par le souvenir qu'on en garde après le réveil ; or, le rêve apparaît en même temps qu'un ensemble d'activités physiologiques spécifiques que l'on désigne par le terme de « sommeil paradoxal » : cette phase du sommeil est en effet paradoxale car une activité cérébrale plus intense y correspond à un relâchement musculaire. (Par souci de brièveté, nous employons indifféremment les termes de rêve et de sommeil paradoxal.) Pourquoi, en effet, refuser aux chats qui ne peuvent raconter leurs souvenirs la faculté de rêver ?

Chez l'homme, les recherches ont d'abord permis de relever les frontières phénoménologiques (c'est-à-dire les caractéristiques) du rêve au sein du sommeil, et de relier quelquefois au contenu subjectif du rêve certains signes comportementaux (tels que les mouvements oculaires dont nous parlerons plus loin) ou végétatifs (les rêves les plus angoissants sont en effet marqués par une variation importante du rythme respiratoire et cardiaque). Comme on a retrouvé au cours du sommeil des mammifères des enregistrements électriques identiques à ceux survenant pendant le rêve chez l'homme, la neurophysiologie expérimentale s'est attachée à démontrer et à analyser sur l'animal les mécanismes du sommeil paradoxal. C'est ainsi que furent dévoilées les étranges séquences stéréotypées de comportement qui surviennent au cours du sommeil paradoxal mais qui restent normalement inexprimées, ou virtuelles, car elles sont bloquées avant d'atteindre les neurones moteurs. Ces comportements oniriques observés semblent montrer que le rêve est une activité programmée du cerveau.

Les états de sommeil

Chez l'homme, une nuit de sommeil est une succession de différentes phases numérotées généralement de 1 à 4 et correspondant à des activités électriques de plus en plus lentes (d'où le nom de sommeil lent). Les différents stades du sommeil lent ne s'accompagnent pas de mouvements oculaires et par rapport à l'éveil un certain tonus postural subsiste. De plus, quand on réveille un dormeur au cours du sommeil lent, il se souvient rarement d'avoir rêvé.

Ces phases de sommeil lent sont entrecoupées par l'émergence d'une autre phase, caractérisée par une activité corticale rapide et des mouvements oculaires. Ces périodes de sommeil avec mouvements oculaires s'accompagnent d'une disparition totale du tonus musculaire et d'autres caractéristiques végétatives. Il peut parfois subsister quelques discrets mouvements de la face (ébauche de sourire ou de grimace) ou des doigts, mais les mouvements segmentaires d'un membre sont très rares. Historiquement, ces périodes de sommeil ont d'abord été considérées comme la réémergence du stade 1 de l'endormissement par l'école de Chicago, avec Nathaniel Kleitman, Eugen Aserinski et William Dement ; ces chercheurs prouvèrent que les sujets réveillés à ce moment pouvaient raconter leurs rêves avec beaucoup de détails. La corrélation que l'on a pu établir dans quelques cas entre la direction des mouvements oculaires et l'action vécue en rêve a suscité l'hypothèse que les mouvements oculaires pourraient traduire l'exploration de l'imagerie onirique. C'est l'hypothèse du balayage ou du regard sur l'image ; nous y reviendrons plus loin. On sait maintenant que ce stade 1 est en fait l'irruption d'un nouvel état qui, selon les écoles, a été baptisé de différentes façons : *rapid eye movement sleep* (*REM*), phase de mouvements oculaires, sommeil paradoxal, *dreaming state* (*D state*), etc. Il faut encore insister sur le fait que le rêve s'accompagne d'une atonie posturale totale. C'est pourquoi le somnambulisme n'appartient pas au cadre de l'activité onirique, mais représente un éveil incomplet au cours des stades 3 ou 4 du sommeil lent.

L'étude des souvenirs, longtemps les uniques témoignages des rêves, est restée le champ clos des psychologues et des psychiatres où s'affrontent les diverses écoles psychanalytiques ; plus pragmatique, la neurophysiologie expérimentale s'est consacrée à l'analyse des mécanismes neurobiologiques du sommeil paradoxal chez l'animal.

Le sommeil paradoxal

On reconnaît le sommeil lent du sommeil paradoxal et de l'éveil grâce aux enregistrements des activités cérébrale et musculaire recueillies sur un animal non anesthésié et libre de ses mouvements ; l'animal est porteur d'électrodes implantées dans les structures cérébrales et musculaires.

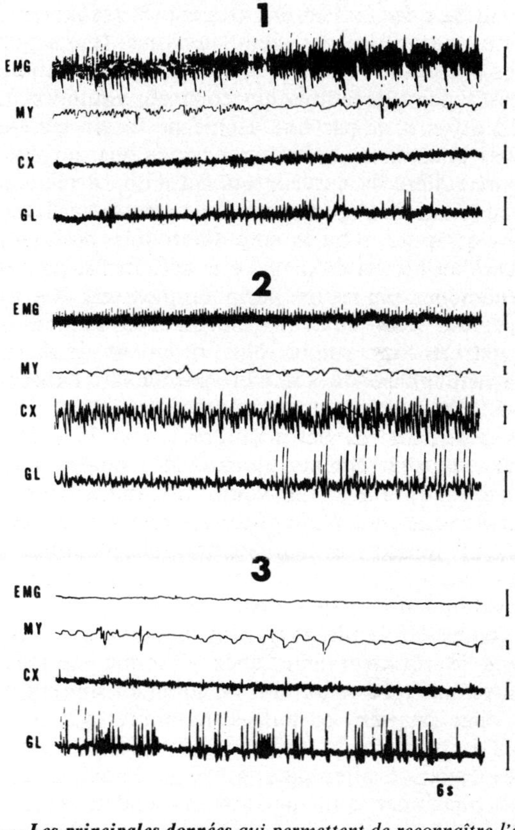

Figure 1. – ***Les principales données*** *qui permettent de reconnaître l'éveil (1), le sommeil lent (2) et le sommeil paradoxal (3) sont représentées ici chez le chat. Les signes qui traduisent l'apparition du sommeil paradoxal sont : une reprise de l'activation corticale (CX), enregistrée au niveau du cortex visuel, et semblable à celle de l'éveil attentif, et une atonie posturale complète (EMG). L'activité particulière recueillie dans certaines structures du cerveau comme le pont, le corps genouillé latéral (GL) et le cortex occipital (activité ponto-genouillée-occipitale) constitue une des clés qui permettent d'expliquer les mécanismes du sommeil paradoxal : c'est une activité centrale qui est responsable, entre autres, des mouvements oculaires rapides (MY) caractéristiques du sommeil paradoxal.*

On distingue, dans l'ensemble des signes traduisant l'état de sommeil paradoxal, les signes toniques (persistants) et les signes phasiques (épisodiques). Les signes toniques sont caractérisés par une activation corticale similaire à celle de l'éveil attentif et par une atonie posturale généralisée. Les signes phasiques se distinguent par une activité électrique particulière du cerveau qui fut d'abord recueillie au niveau du pont, du noyau genouillé externe (ou latéral) et du cortex occipital, d'où le nom d'activité « ponto-genouillée-occipitale » (activité PGO) ; cette activité est responsable des phénomènes phasiques périphériques tels que mouvements rapides des yeux, des moustaches du chat, de la langue, parfois des doigts, plus rarement de la queue. Durant cette phase de sommeil paradoxal, l'absence de tonus postural ne permet qu'exceptionnellement des mouvements segmentaires des membres ; seul le chien peut présenter des mouvements globaux des quatre pattes et parfois gémir ou aboyer au cours du sommeil paradoxal, mais quelle que soit l'intensité de ces mouvements, ils n'entraînent jamais le redressement de l'animal ou sa marche.

Lorsque le sommeil paradoxal fut individualisé vers la fin des années 50, la situation était la suivante : tout indiquait que le rêve survient, chez l'homme, au cours du sommeil paradoxal ; or un état de sommeil similaire existe chez le chat (et tous les autres mammifères) ; il est évidemment impossible de demander à un chat de raconter ses rêves ; peut-on aller plus loin dans l'analyse des phénomènes phasiques qui surviennent pendant le sommeil paradoxal ? Le problème intéressant les neurophysiologistes peut être posé ainsi : les mouvements rapides des yeux ne sont-ils qu'un épiphénomène traduisant l'activation anarchique des motoneurones ou font-ils partie de comportements moteurs structurés et intégrés qui seraient bloqués à certains endroits du système nerveux central ? En d'autres termes, est-il possible de dévoiler le comportement d'un chat en train de rêver, c'est-à-dire son comportement onirique ? Avant de répondre affirmativement à cette question, il nous faut brièvement décrire l'organisation des structures et des mécanismes qui entrent en jeu, avant le sommeil paradoxal et au cours de celui-ci.

Les mécanismes qui préparent le rêve

Dans les conditions habituelles, le sommeil paradoxal ne survient jamais au cours de l'éveil. Il doit donc être préparé ou initié par une phase préalable de sommeil à ondes lentes. Les mécanismes de cette « étape préparatoire » sont complexes mais on en connaît les grandes lignes. Il faut d'abord que l'éveil cesse, c'est-à-dire que, dans le cerveau, le système d'éveil ne soit plus excité. Cela suppose d'abord qu'il n'y ait pas de danger immédiat et, par conséquent, que les télérécepteurs auditifs, olfactifs et visuels ne soient pas alertés par les signaux venant de prédateurs éventuels et que les propriorécepteurs de la douleur ne soient pas excités. Cela suppose ensuite que les besoins de l'organisme soient satisfaits (c'est-à-dire que l'animal n'ait ni faim, ni soif, qu'il soit en équilibre thermique, ne recherche pas un partenaire sexuel, etc.). Cela suppose, enfin, que la période d'endormissement se situe dans la phase d'inactivité du rythme circadien : on sait que le sommeil survient spontanément plus facilement le jour que la nuit chez le rat. Quand ces conditions sont remplies, le système d'éveil n'est plus excité et les mécanismes actifs de l'endormissement peuvent entrer en jeu.

Anatomiquement, le système d'éveil est constitué par un réseau de neurones situé dans la formation réticulée mésencéphalique (voir II) : au cours de l'éveil, ces neurones excitent le cortex par l'intermédiaire de neurotransmetteurs, en particulier l'acétylcholine ; ils reçoivent eux-mêmes une innervation noradrénergique venant notamment du locus coeruleus. Mais la liste des neurotransmetteurs mis en jeu au cours de l'éveil est loin d'être limitée au couple acétylcholine-noradrénaline. La sérotonine et certains peptides sont également libérés au cours de l'éveil.

L'endormissement et les phases préparatoires du sommeil paradoxal qui surviennent pendant le sommeil lent mettent en jeu d'autres structures du tronc cérébral, en particulier celles qui sont situées dans la partie caudale du système du raphé ; le rôle des neurones contenant la sérotonine (5-hydroxytryptamine ou 5HT) dans l'endormissement a été démontré par une série convergente d'expériences dont l'interprétation est encore délicate.

Tout se passe comme si de nombreux mécanismes de contrôle empêchaient le sommeil paradoxal de survenir pendant l'éveil et le début du sommeil. Les deux mécanismes de contrôle les plus importants sont situés soit dans une partie du système d'éveil (locus coeruleus), soit au niveau du système du raphé dorsalis (qui est actif pendant l'éveil, l'endormissement et le sommeil léger). Le sommeil paradoxal ne peut apparaître que si toute activité a cessé dans ces deux structures.

On voit ainsi que le rêve n'est possible qu'après vérification de nombreux systèmes de sécurité : cette protection apparaît très adaptée car le rêve s'accompagne d'une augmentation importante du seuil d'éveil et d'une paralysie quasi totale. Sourd, aveugle et paralysé, l'animal devient très vulnérable : il ne peut rêver que s'il est en sécurité ; c'est alors seulement qu'il plonge dans un sommeil profond.

Cette notion de sécurité est importante et explique en partie les variations des durées de rêve chez différentes espèces : les animaux chassés, qui sont rarement en sécurité, dorment peu, d'un sommeil très léger, et la durée totale des périodes de sommeil paradoxal n'excède pas 15 à 20 minutes par 24 heures ; en revanche, les chasseurs (carnivores) et le chat domestique, parfaitement en sécurité et qui n'a pas à chasser pour trouver sa nourriture, dorment beaucoup et la durée de sommeil paradoxal peut excéder 200 minutes par 24 heures.

La transition directe entre l'éveil et le sommeil paradoxal

ne s'observe qu'au cours d'une maladie : la narcolepsie. Cette affection, qui peut frapper le chien ou le poney, est relativement fréquente chez l'homme : elle se traduit par une disparition brutale du tonus musculaire qui peut entraîner la chute de l'individu (accès cataplectiques). Très souvent, ces accès cataplectiques s'accompagnent de rêve et le sujet perd contact avec le monde extérieur ; dans des cas plus rares, le sujet reste conscient car seul le système d'atonie posturale est mis en jeu.

On conçoit que la plupart des drogues qui suppriment les accès de narcolepsie empêchent la venue du sommeil paradoxal en agissant sur les mécanismes de sécurité qui protègent le rêve. C'est le cas des inhibiteurs des monoamines oxydases ou des antidépresseurs tricycliques (imipramine-chlorimipramine) lesquels, en augmentant la concentration de 5HT ou de catécholamine, excitent les récepteurs qui bloquent l'apparition du sommeil paradoxal.

L'organisation du sommeil paradoxal

Rappelons que les principaux signes extérieurs du sommeil paradoxal sont constitués par une atonie posturale et des mouvements oculaires rapides tandis que les signes internes sont caractérisés par une activation corticale et l'activité ponto-genouillée-occipitale (PGO). L'ensemble de ces activités signe l'état de sommeil paradoxal. Quelles sont les structures du cerveau qui les engendrent ?

On sait aujourd'hui que ces activités dépendent de l'intégrité de structures situées dans le tronc cérébral inférieur.

La délimitation exacte des structures impliquées dans le contrôle de l'atonie posturale et de l'activité PGO a été longue et difficile car l'organisation anatomique des formations réticulées pontiques et bulbaires est complexe ; elle progresse chaque année grâce aux nouvelles techniques histochimiques et anatomiques.

L'atonie posturale

Il n'est pas question de disserter longuement ici sur les rapports entre une structure et une fonction cérébrale. On peut cependant considérer qu'une structure donnée est impliquée dans le contrôle d'une fonction (ou d'une activité donnée) si au moins trois critères nécessaires sont respectés. Ainsi une structure cérébrale joue un rôle dans l'atonie posturale à condition que : *a)* la stimulation physiologique de cette structure provoque une atonie généralisée ; *b)* l'activité électrique des corps cellulaires soit associée aux signes externes de l'atonie ; *c)* la destruction des corps cellulaires supprime sélectivement l'apparition de l'atonie.

Aucune de ces conditions nécessaires n'est cependant suffisante. En effet, on peut également déclencher l'atonie posturale en excitant d'autres systèmes : ainsi, chez l'homme, la cataplexie peut être provoquée par le rire ! D'autre part, on peut, au cours du sommeil paradoxal, enregistrer une augmentation d'activité des neurones d'une autre structure ; dans ce cas cependant, cette activité sera en rapport avec des phénomènes connexes comme les mouvements oculaires. Enfin, il est impossible de prouver, car cela demanderait trop d'essais, qu'une lésion située à un autre endroit du tronc ne puisse engendrer le même résultat. On admet cependant que les trois conditions énoncées plus haut permettent d'identifier le système exécutif d'une fonction avec une grande probabilité. On connaît aujourd'hui assez bien l'organisation du système commandant l'atonie posturale grâce aux effets de lésions localisées et surtout aux enregistrements par micro-électrodes effectués par Kasuya Sakai et ses collaborateurs à la Faculté de médecine de Lyon.

Le déclenchement de l'atonie posturale au cours du sommeil paradoxal est commandé par un petit groupe de neurones de taille moyenne situés dans le locus coeruleus α et sur sa partie interne. Ces neurones ne sont pas catécholaminergiques mais sont sensibles à l'acétylcholine car ils peuvent être mis en jeu par injection locale de carbachol, une drogue qui excite les récepteurs cholinergiques ; cette substance provoque une atonie généralisée accompagnée soit de sommeil paradoxal, soit d'éveil (état de cataplexie). Ces neurones sont silencieux pendant l'éveil et commencent à devenir actifs quelques minutes avant le sommeil paradoxal pour atteindre un taux de décharge maximal pendant le rêve et cesser complètement à la fin de celui-ci.

Ce groupe de neurones est relié au noyau magnocellulaire bulbaire par un faisceau ponto-bulbaire. Le noyau magnocellulaire correspond à la formation réticulée inhibitrice découverte par Horace Magoun et Ruth Rhines. Les neurones de ce groupe cellulaire augmentent également de manière sélective leur activité au cours du sommeil paradoxal et provoquent l'atonie posturale en inhibant les motoneurones spinaux (par des processus d'inhibition pré- et post-synaptiques, transmis par le faisceau réticulo-spinal qui descend dans le quadrant ventrolatéral de la moelle). On ne connaît pas encore le transmetteur qui active la formation réticulée inhibitrice. Il est exclu que ce soit l'acétylcholine car on ne peut déclencher l'atonie par injection de drogues cholinergiques dans cette structure ; de même, on ne connaît pas le transmetteur mis en jeu par l'inhibition réticulaire bulbaire.

Toute lésion bilatérale et symétrique du système de commande pontique ou de la voie ponto-bulbaire supprime l'atonie posturale du sommeil paradoxal et permet ainsi de démasquer l'apparition de divers comportements stéréotypés qui apparaissent au cours du sommeil paradoxal.

Il est peu probable que d'autres structures ponto-bulbaires contribuent à la commande de l'atonie posturale. En effet, des lésions extensives effectuées avec des micro-injections d'acide kaïnique (un neurotoxique qui détruit sélectivement les corps cellulaires sans léser les fibres axoniques) dans d'autres régions de la formation réticulée pontique n'ont aucun effet sur le sommeil paradoxal. Ainsi, la destruction quasi totale du noyau giganto-cellulaire, qui contient des cellules géantes à prolongement rostral vers le cerveau ou à prolongement caudal vers la moelle, est sans effet sur le sommeil paradoxal. Cela est d'autant plus étonnant que l'activité unitaire de ce noyau giganto-cellulaire augmente considérablement pendant le sommeil paradoxal (et l'éveil) et que pour cette raison elle a pu être considérée par certains comme le véritable système exécutif du sommeil paradoxal. Il semble que cette structure ne soit pas non plus en rapport avec la commande de la motricité oculaire au cours du rêve.

Le système ponto-genouillé-occipital

Ce système est plus complexe que celui qui est responsable de l'atonie posturale ; cependant, son étude a été facilitée par le fait qu'il peut être excité par des drogues ou des lésions dont le dénominateur commun est de supprimer la libération de 5HT issue du système rostral du raphé : on peut ainsi faire agir la réserpine, la P. chlorophénylalanine ou encore détruire le noyau raphé dorsalis. Ces différentes actions font toutes apparaître une activité PGO continue au cours de l'éveil. Très schématiquement, ce système est composé de deux « générateurs » bilatéraux et symétriques et de différentes voies. Les groupes cellulaires où prend naissance l'activité PGO sont situés dans la partie dorso-latérale du pont (noyaux parabrachialis lateralis et dorso-lateralis tegmenti) ; l'information PGO est transmise directement d'une portion du générateur à chaque noyau oculomoteur (elle est donc responsable des mouvements oculaires pendant le sommeil paradoxal) et, à partir d'une autre zone du cerveau, au système visuel (noyau géniculé latéral et cortex occipital) à travers certains relais ; ainsi, on a pu caractériser anatomiquement le système PGO primaire, où l'information peut être facilement recueillie sous la forme d'ondes lentes de haut voltage qui sont la signature du sommeil paradoxal dans les conditions normales. Cependant, l'activité des générateurs d'un système PGO ne se limite pas à l'excitation des seuls systèmes visuel et oculomoteur : il est, en effet, possible de déceler, avec des microélectrodes, le reflet de son activité dans la grande majorité des neurones de la formation réticulée, du thalamus, des aires corticales et en particulier d'interneurones (Golgi type II), comme l'a montré Mircea Steriade de l'Université Laval au Québec, et de montrer son influence sur les neurones pyramidaux ou extrapyramidaux. Pour employer une comparaison imagée, on pourrait assimiler le générateur de l'activité PGO à un pacemaker ou à un « chef d'orchestre », qui pourrait agir, directement ou indirectement, sur la grande majorité des neurones qui composent l'orchestre cérébral. La musique de cet orchestre représenterait l'activité onirique. Le comportement onirique pourrait alors être comparé au spectacle de l'orchestre sur un poste muet de télévision.

En résumé, l'organisation des structures exécutives du sommeil paradoxal présente une particularité : les systèmes de commande pontique de l'atonie posturale sont voisins des générateurs de l'activité PGO. Si nous voulons observer les comportements gestuels oniriques, il faut léser les systèmes de commande de l'atonie posturale ; la proximité de ces systèmes et des générateurs de l'activité PGO rend l'opération délicate : il a fallu plusieurs années de travail à Jean-Pierre Sastre, dans notre laboratoire, pour analyser en détail le répertoire complet des comportements oniriques sur une dizaine de chats. En effet, ou bien la lésion, bilatérale et symétrique, des neurones de commande de l'atonie posturale est trop petite et dans ce cas il y aura récupération de l'atonie et disparition du comportement onirique, ou bien la lésion est trop étendue et atteint le chef d'orchestre de l'activité PGO, altérant alors l'organisation du comportement ; le pourcentage de réussite est encore relativement faible et il faudra mettre au point des méthodes de destruction biochimique, par neurotoxine, spécifique du système d'atonie posturale car la méthode de lésion chirurgicale mise en œuvre est trop délicate.

Le comportement onirique

Notre dispositif expérimental nous a permis d'associer les différentes séquences du comportement et l'activité électrique cérébrale qui les accompagne. L'animal est placé dans une grande cage en plexiglas qui lui permet une grande liberté de mouvements. Son comportement est enregistré en continu sur une caméra vidéo et un magnétoscope. Parallèlement, l'activité électrique cérébrale ou musculaire, recueillie sur un polygraphe ou un oscilloscope, est enregistrée sur une autre caméra. Une table de mixage permet alors de recueillir sur un même écran les différentes séquences et l'activité électrique cérébrale. La même séquence peut être reprojetée au ralenti plusieurs fois afin d'étudier les éventuelles corrélations entre certains aspects particuliers de l'activité PGO et les mouvements des yeux, de la tête ou des membres.

Si la lésion du système de commande pontique de l'atonie posturale (au niveau des corps cellulaires ou de la voie ponto-bulbaire) est exactement bilatérale, elle n'entraîne aucun trouble moteur au cours de l'éveil. En revanche, pendant huit à dix jours, le sommeil paradoxal diminue de façon importante et il faut attendre une dizaine de jours pour voir apparaître tout l'éventail des comportements oniriques : après une phase de sommeil lent, au cours de laquelle le tonus postural peut presque être aboli, l'activation corticale du sommeil paradoxal commence et l'activité PGO survient. L'animal relève alors brusquement la tête au lieu de reposer sur le sol dans un état d'atonie. Cette séquence d'orientation de la tête dans l'espace précède toujours des comportements stéréotypés qu'on peut tenter de classer en diverses séquences. La séquence d'exploration au début du rêve commence par une exploration visuelle : le chat semble poursuivre avec la tête et les yeux quelque objet imaginaire qui se déplacerait devant lui dans l'espace. Cependant, l'animal ne voit pas vraiment : on s'en assure en essayant diverses stimulations qui n'entraînent aucune réaction de poursuite. Ensuite, l'animal se déplace dans sa cage comme s'il voulait l'explorer. A d'autres moments, la posture adoptée évoque le comportement d'approche d'une proie : le chat se comporte comme s'il était mis en présence d'une souris ou d'un rat ; il avance lentement, la tête tendue vers l'avant et dirigée vers le bas poursuivant sa proie imaginaire. Parfois le chat adopte une posture d'affût caractéristique : l'immobilité est quasi totale, et l'une des pattes antérieures peut être légèrement soulevée.

Un autre comportement onirique révélé est celui de la toilette : le léchage apparaît sous la forme de toilette des pattes ou des flancs. Mais le chat peut également lécher les parois de la cage ou du sol. Dans ce dernier cas, le comportement évoque celui de la soif. En aucun cas, ce léchage n'est dirigé vers un but : si l'on colle un morceau de sparadrap sur la fourrure du chat pendant l'éveil, celui-ci le lèche continuellement afin de l'enlever ; en revanche, les séquences de léchage onirique ne sont jamais dirigées vers cet endroit. La toilette de la face et des moustaches à l'aide des pattes antérieures et qui s'accompagne généralement du léchage de la patte et des coussinets plantaires n'a jamais été remarquée au cours du comportement onirique.

On observe aussi des comportements d'attaque qui peuvent se présenter sous deux aspects : dans le premier, *l'agression prédatrice,* ses comportements se caractérisent par des coups de patte uniques ou répétitifs lancés vers l'avant en direction d'un but imaginaire. Ces attitudes s'achèvent par un mouvement de capture, où le chat tente à l'aide de ses pattes antérieures de s'emparer d'une proie ou d'un autre objet imaginaire. Quelquefois on note des coups de dents dans le vide. Parfois, les mouvements des pattes sont beaucoup moins violents et évoquent simplement le toucher ou le jeu. Le second comportement agoniste, *l'attaque agressive,* se manifeste aussi sous la forme de coups de patte souvent dirigés dans l'espace, alors que les oreilles sont abaissées vers l'arrière et la bouche est ouverte prête à mordre. Le chat donne l'impression de se battre contre un ennemi imaginaire.

Un autre comportement est celui de peur : il se traduit par un mouvement général de retrait de l'ensemble du corps comme si l'animal fuyait. Ce mouvement s'achève par une posture défensive caractéristique : le train arrière est aplati contre le sol, les oreilles sont abaissées vers l'arrière et la queue légèrement soulevée. Une telle attitude peut évoluer vers un autre comportement tout aussi spectaculaire, par exemple la rage ou la colère.

Le dernier état répertorié est le comportement de rage : les composantes émotionnelles qui caractérisent cet état sont nombreuses. Le dos s'arrondit, les oreilles s'abaissent vers l'arrière, le poil se dresse plus ou moins sur le dos ou même la queue et la bouche s'ouvre dans une mimique évoquant la morsure.

Il est à noter que les attitudes d'attaque agressive, de peur ou de colère ne s'accompagnent jamais de cris comme c'est le cas au cours de l'éveil. Les seuls cris accompagnant les comportements oniriques sont quelques miaulements de type plaintif et de faible intensité ; ils sont émis au cours de l'exploration visuelle. Nous n'avons jamais observé le ronronnement caractéristique des réactions de plaisir du chat.

Enfin, nous n'avons pas noté d'attitude pouvant évoquer des composantes du comportement sexuel aussi bien chez les mâles (érection) que chez les femelles (lordose). De même, nous n'avons jamais constaté de frissonnements, de halètements, de vomissements et d'éternuements au cours des comportements oniriques.

L'enchaînement des différentes séquences de comporte-

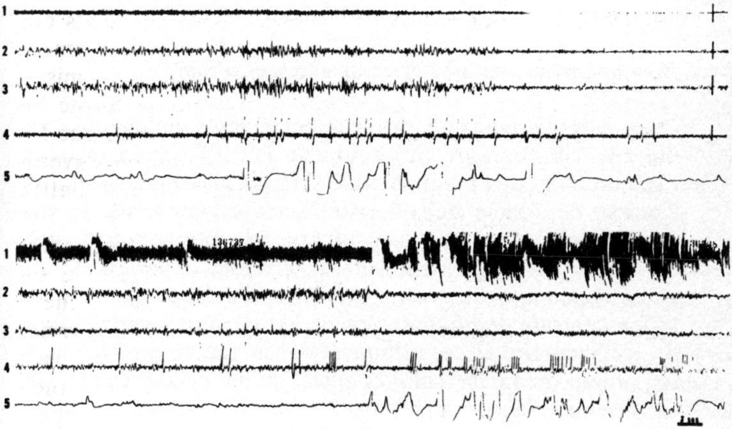

Figure 2. – *Sur les tracés correspondant aux enregistrements effectués sur le cerveau intact, on observe l'apparition d'une phase normale de sommeil paradoxal avec une disparition de l'activité musculaire* (1), *une accélération de l'activité corticale* (2, 3), *l'apparition d'une activité* PGO (4) *et de mouvements oculaires rapides* (5). *En bas, on a détruit le locus coeruleus α : après cette lésion, qui laisse intacte la majeure partie du système responsable de l'activité* PGO, *l'animal présente pendant plusieurs mois des phases de comportement onirique avec leurs signes caractéristiques* (2, 3, 4, 5) *cependant que l'activité musculaire augmente* (1) *pendant le rêve. On peut alors supposer que les mouvements du corps traduisent le rêve.*

ments n'obéit pas à un ordre fixe, mis à part le début du rêve qui est toujours une exploration visuelle. Chaque animal semble cependant avoir un pourcentage relativement stable (calculé sur des moyennes hebdomadaires) des diverses attitudes d'un répertoire donné mais nous n'avons pas encore pu relier ce répertoire au comportement éveillé des animaux. Assez curieusement, les chats présentant une proportion importante de comportement agressif onirique n'ont jamais, lorsqu'ils étaient éveillés, été agressifs envers l'expérimentateur.

Comportement onirique et comportement d'éveil

La grande majorité des comportements qu'on observe dans la vie courante (au cours de l'éveil) est en rapport avec un objet et un but selon le schéma classique stimulus-réponse de l'école behavioriste. Dans certains cas, le stimulus déclenchant peut être minime si la motivation interne est importante. De même, dans certaines expériences, on peut déclencher des comportements d'attaque par stimulation centrale de l'hypothalamus, du noyau amygdalien ou du tronc cérébral ; ces attaques sont là encore dirigées vers un objet, même si celui-ci n'est qu'un ersatz (main de l'expérimentateur, animal mort ou leurre). Lors de certains comportements de jeu observés chez les jeunes animaux, l'objet de l'attaque n'est pas une proie réelle : il peut être une feuille morte ou une pelote de laine, mais la plupart du temps on peut considérer que tous les comportements d'attaque, de fuite ou de toilette sont dirigés vers un objet du milieu extérieur.

En revanche, le comportement onirique n'est jamais dirigé contre un objet extérieur : l'animal ne peut percevoir aucun stimulus extérieur, même si ceux-ci sont présents. Il existe en effet, au cours du sommeil paradoxal, un contrôle central des informations sensorielles. Ce contrôle s'exerce soit au niveau périphérique (par l'intermédiaire des muscles de l'oreille par exemple), soit au niveau des premiers relais ; ce contrôle est responsable en partie de l'élévation du seuil d'éveil et contribue sans doute à laisser la voie libre aux processus de programmation endogène qui sont déclenchés à partir du générateur pontique. Il ne nous est donc pas possible de suivre le schéma habituel allant du stimulus jusqu'à la réponse de l'organisme pour essayer d'expliquer les diverses activations des structures végétatives et motrices du comportement onirique. C'est donc à l'intérieur du cerveau qu'il faut chercher la cause de ces comportements et en particulier au niveau du chef d'orchestre, l'activité PGO.

La première hypothèse pour expliquer le comportement onirique fut la théorie du « balayage » de l'image onirique – d'où le terme de « comportement pseudo-hallucinatoire » que nous avons donné au début au comportement onirique : comme l'activité PGO envahissait le système visuel, on pouvait supposer qu'elle était responsable d'hallucinations semblables à l'imagerie onirique. Si cela était, le chat présenterait bien un comportement d'exploration et d'attaque lorsque l'activité PGO induirait l'image d'un oiseau ou d'une souris ; une telle hypothèse dut vite être abandonnée. En effet, le début du mouvement oculaire (que l'on peut repérer très exactement par les potentiels d'action au niveau des noyaux oculo-moteurs) précède de 15 à 20 millisecondes l'arrivée de l'information PGO dans le corps genouillé latéral et de 20 à 25 millisecondes le début d'une activité PGO dans le cortex occipital : il est donc impossible que l'effet (le mouvement oculaire d'exploration) précède la cause (l'hallucination visuelle). D'autre part, si les mouvements oculaires du rêve sont en rapport avec l'imagerie onirique, comment expliquer qu'ils existent déjà au cours du sommeil paradoxal, chez le fœtus de cobaye *in utero,* ou chez le chaton nouveau-né, qui est aveugle ?

L'hypothèse hallucinatoire devait donc être abandonnée ; mais le rôle de l'activité PGO reste néanmoins prédominant puisque sa suppression (par exemple par lésion de la structure génératrice) abolit le comportement onirique. C'est pourquoi une autre théorie, faisant intervenir une programmation endogène, dont le substratum est l'activité PGO, est actuellement en voie d'être validée. Cette théorie se résume ainsi : il existe au niveau de la formation réticulée pontique un ensemble complexe de neurones doués d'une activité endogène qui peut être modulée par certaines aires corticales (comme les aires frontales). Ces générateurs sont normalement inhibés, comme nous l'avons vu auparavant, par le système d'éveil (frein noradrénergique du locus caeruleus) et au début du sommeil par le système du raphé dorsalis (frein sérotoninergique). Lorsque ces deux freins sont levés, l'activité PGO induit directement les mouvements de la tête et des yeux dans la séquence inaugurale de l'exploration visuelle onirique. Ensuite, l'arrivée de l'information PGO au niveau de certaines structures (par exemple, dans le complexe amygdalien) sélectionne le déclenchement d'autres séquences stéréotypées : attaque, rage, toilette ; il est en effet exclu que la programmation motrice de ces comportements complexes puisse s'effectuer seulement au niveau du pont, puisque l'animal dont on a enlevé tout le cerveau au-delà du pont n'est capable que de séquences élémentaires comme la marche ou la course au cours du sommeil paradoxal. Il est probable que, en même temps que sont libérés ces « sous-programmes », l'activité PGO puisse venir exciter certains systèmes sensoriels. Barry Jacobs et Denis McGinty ont constaté, en effet, au niveau de l'amygdale, que des cellules qui répondent sélectivement au miaulement d'un chat au cours de l'éveil sont à nouveau excitées au cours de certaines périodes de sommeil paradoxal. Il y aurait donc *à la fois* programmation motrice et excitation de certaines aires d'intégration sensorielle, mais la séquence motrice ne serait pas induite par l'excitation sensorielle comme on le croyait dans l'hypothèse hallucinatoire.

Le problème central de cette théorie repose sur la nature du « programme ». Celui-ci dépend-il des événements de l'éveil précédant le sommeil ou au contraire dépend-il d'une mémoire génétique ? Il est encore difficile de répondre à cette question mais des arguments indirects corroborent surtout la deuxième hypothèse. En effet, au cours de l'ontogenèse, et déjà *in utero,* le programme moteur s'exprime par des mouvements oculaires, et chez l'animal nouveau-né ou le nourrisson, par des mouvements de tétée et des sourires.

Les souris sont les seuls animaux « rêveurs » chez qui des expériences de génétique peuvent être entreprises :

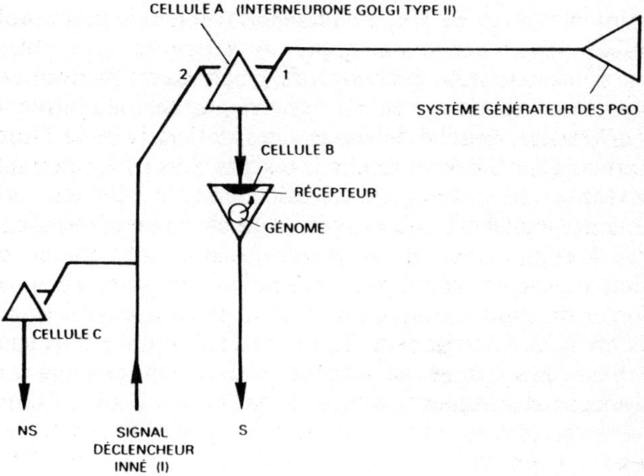

Figure 3. – ***Modèle théorique*** *de programmation endogène au cours du sommeil paradoxal : la reconnaissance d'un signal déclencheur inné (I) lors de sa première présentation s'effectue par l'intermédiaire d'un interneurone (Golgi type II). Cet interneurone* (A) *reçoit également des informations du système générateur des* PGO *au cours du sommeil paradoxal* (trait noir épais). *L'activité de cet interneurone pendant le sommeil vient exciter les récepteurs de la cellule* B. *Ces récepteurs dépendent de la synthèse de protéines déclenchée par le génome de la cellule* B. *Ils doivent recevoir périodiquement la stimulation de l'interneurone afin de rester actifs. Si cette validation a eu lieu, le signal déclencheur inné pourra déclencher la chaîne des réactions spécifiques. Sinon, ce signal ne déclenchera que des réactions non spécifiques d'attention ou d'éveil à partir de la cellule* C *dont la validation fonctionnelle est perpétuellement entretenue par les diverses stimulations de l'environnement au cours de l'éveil.*

Jean-Louis Valatx, Raymond Cespuglio, et leurs collaborateurs ont constaté que lorsqu'elles sont élevées dans le même environnement certaines souches consanguines de souris présentent, au cours du sommeil paradoxal, une organisation des mouvements oculaires (révélée par l'amplitude des courbes) différente de celle d'autres souches (voir *figure 8,* in II), tandis que les hybrides des deux souches présentent des courbes intermédiaires. Étant donné la relation directe entre l'activité de la structure génératrice des PGO et les mouvements rapides oculaires, il semble donc que le « codage » de l'activité PGO puisse être déterminé par des facteurs génétiques. Bien sûr, il serait important de savoir si les comportements oniriques de différentes souches consanguines de souris ou de leurs hybrides sont différents mais il n'a pas encore été possible de réaliser de telles expériences. Enfin, le rôle des événements précédant le sommeil ne semble pas déterminant chez l'animal : on ne peut pas, semble-t-il, influer de façon notable sur le déroulement des séquences de comportement onirique chez le chat par des modifications de son activité au cours de l'éveil ; ainsi un jeûne total pendant deux jours ne change pas le pourcentage des séquences d'attaque.

L'inné et l'acquis du rêve

La mise en évidence du comportement onirique, ce jeu intérieur du cerveau selon l'excellente métaphore de Jean Piaget, ne répond pas à la question fondamentale : à quoi sert le sommeil paradoxal ? L'étude de l'ontogenèse pourrait apporter un début de solution : il existe en effet, au cours du sommeil paradoxal (ou d'un état fort similaire), une continuité ontogénétique entre les mouvements du fœtus (de rat ou de cobaye) *in utero*, ceux du raton ou du chaton nouveau-né, chez qui le système d'inhibition posturale n'est pas encore totalement fonctionnel, et le comportement onirique de l'adulte. Les mouvements du fœtus sont sans doute l'expression motrice de la formation de synapses génétiquement programmée au cours de la maturation du système nerveux central. Même si l'on ne peut nier une certaine influence de l'environnement *in utero* chez le nouveau-né, il n'en est pas moins certain que la programmation génétique joue un rôle prédominant dans la détermination des mouvements stéréotypés d'approche,

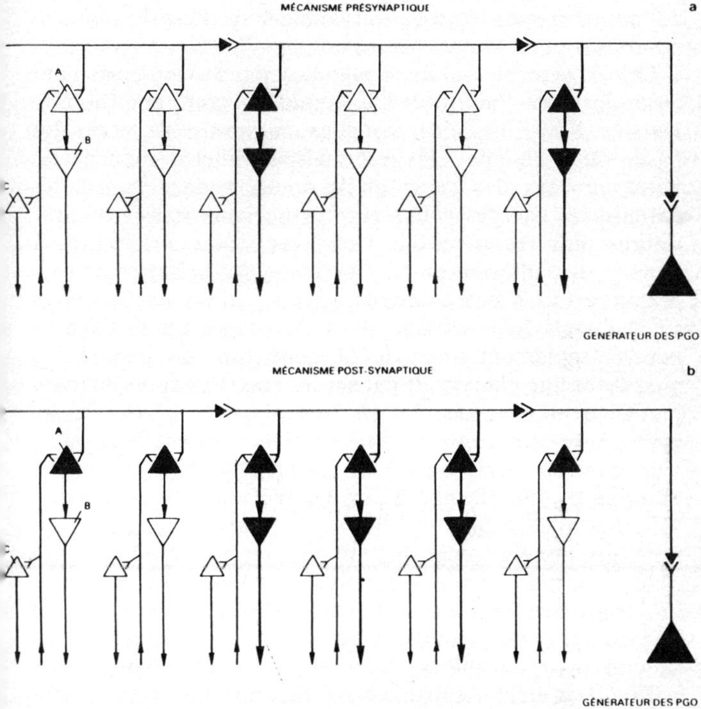

Figure 4. – ***Mécanismes hypothétiques de programmation.*** *Dans le mécanisme de programmation présynaptique, les modalités d'occurrence* (patterns) *de l'activité* PGO *sont assimilées à un code. Cette information issue du « générateur » de l'activité* PGO *est transmise à travers une organisation plurisynaptique aux différents interneurones. Certains reconnaissent ce message et sont instruits sélectivement. Il faut alors supposer qu'au niveau du générateur, des protéines sont responsables d'un codage spatio-temporel capable de venir instruire successivement les différents interneurones. Dans le mécanisme de programmation postsynaptique* (b), *l'activité* PGO*, dont le déterminisme génétique est moins strict, n'est pas instructive. Elle met en jeu tous les interneurones Golgi type II. Il y a alors sélection des cibles postsynaptiques selon le cycle de biosynthèse des récepteurs postsynaptiques. Ce dernier mécanisme est le plus plausible. Il permettait d'expliquer la mise en jeu sélective des interneurones Golgi type II en rapport avec l'activité* PGO *au cours du sommeil paradoxal comme cela a été montré par Mircea Steriade.*

de reptation et de tétée qui surviennent au cours du sommeil paradoxal chez le nouveau-né.

Quelle peut être alors la signification du comportement onirique chez l'adulte ? L'exemple suivant, emprunté à Irenäus Eibl-Eibesfeldt, va nous permettre de poser les bases du problème : les écureuils en liberté cachent les noisettes dans des trous qu'ils creusent dans le sol, les enfouissent par des coups répétés de leurs incisives supérieures puis recouvrent le trou avec de la terre grâce à leurs pattes antérieures. Si l'on donne des noisettes pour la première fois à des écureuils adultes, *élevés en isolement total* depuis leur sevrage dans des cages en grillage et nourris seulement avec de la nourriture en poudre, ils cherchent une place pour cacher les noisettes après en avoir mangé quelques-unes. Ils essaient alors de gratter le sol grillagé de leur cage, comme s'ils cherchaient à faire un trou dans la terre, puis à le recouvrir avec leurs pattes antérieures... Cette chaîne de comportements stéréotypés « innés » illustre bien le rôle des facteurs génétiques dans l'organisation du comportement chez les mammifères. Chez l'homme, l'étude des jumeaux monozygotes, élevés ensemble ou séparément, a fourni également des données en faveur de l'existence de facteurs héréditaires dans le déterminisme de certains traits du caractère ou de la personnalité.

Si l'on admet l'existence de facteurs génétiques dans l'organisation de certains comportements, le neurophysiologiste doit essayer de résoudre les problèmes suivants : les systèmes de neurones reconnaissant les stimulus déclencheurs ou organisant les comportements stéréotypés sont-ils définitivement programmés après maturation du système nerveux central ? Comment alors l'organisation des connexions synaptiques complexes, responsables des aspects perceptif et moteur des comportements « innés » ou des différences héréditaires de comportement, va-t-elle pouvoir se maintenir au cours de l'histoire d'un individu, en particulier si celui-ci, élevé en isolement, n'a pas encore été mis en contact avec les stimulus déclencheurs et n'a pu effectuer les séquences stéréotypées qui y répondent ? Ainsi, dans les expériences sur les écureuils que nous avons citées (du type Kaspar Hauser), comment des comportements similaires peuvent-ils être induits par la vue d'une noisette chez des écureuils élevés en liberté ou en isolement total et qui ont ainsi reçu des stimulus historiquement (épigénétiquement) différents ? Nous savons en effet que l'environnement peut modifier l'organisation fonctionnelle ou anatomique du cerveau. C'est ainsi que l'activité corticale unitaire ou l'organisation des dendrites du cortex visuel peuvent être modifiées chez des chatons par l'occlusion prolongée des paupières ou que l'aspect architectonique ou enzymatique du cortex peut être altéré par l'isolement ou l'hyperstimulation sensorielle chez le rat. Il apparaît donc difficile de comprendre comment une programmation génétique *définitive,* établie à la fin de la maturation, pourrait demeurer efficace pour organiser de futurs comportements innés en dépit des modifications plastiques synaptiques induites par l'environnement. En outre, la programmation génétique définitive des centaines de milliards de connexions synaptiques nécessiterait un nombre de gènes bien supérieur à celui qui existe dans le génome. Pour ces raisons, le concept d'une programmation génétique récurrente ou périodique apparaît plus satisfaisant. Ce processus périodique endogène exciterait, à intervalles réguliers, les structures synaptiques responsables de la reconnaissance des stimulus déclencheurs innés ou des comportements stéréotypés qui expriment les conduites « innées ».

Les mécanismes de cette programmation récurrente, c'est-à-dire de ce que l'on pourrait appeler un « apprentissage phylogénétique endogène », sont encore inconnus, mais peuvent être envisagés sous deux aspects théoriques. Selon le premier, ce serait l'influence présynaptique de l'activité PGO qui serait responsable de la programmation. L'arrivée de l'information PGO codée sous forme d'impulsions unitaires viendrait en quelque sorte instruire les récepteurs post-synaptiques (selon un mécanisme analogue à celui qui entre en jeu lors des différentes stimulations provenant de l'environnement au cours de l'éveil). Cette hypothèse est peu plausible car il apparaît difficile d'imaginer comment une protéine (mise en jeu par le génome des hypothétiques cellules de commande du pacemaker des PGO) pourrait coder un nombre aussi considérable d'informations.

C'est pourquoi l'hypothèse d'un codage postsynaptique paraît plus vraisemblable. Dans ce cas, les cellules postsynaptiques, impliquées dans la reconnaissance des stimulus phylogénétiquement importants (stimulus déclencheurs innés), synthétiseraient continuellement des protéines qui deviendraient le substrat de récepteurs génétiquement programmés comme pendant la maturation. Ces récepteurs seraient alors excités, validés par l'information PGO, ce qui leur permettrait d'être fonctionnels au moment de l'arrivée « épigénétique » du stimulus déclencheur. Le déclenchement de comportements oniriques stéréotypés en même temps que la stimulation et la validation de ces récepteurs pourrait ainsi être comparé à un apprentissage phylogénétique endogène. Ce mécanisme permettrait d'expliquer les nombreux cas d'« apprentissage préparé ou prédisposé » au cours desquels un animal apprend immédiatement à réaliser des comportements complexes à condition que le signal déclencheur soit phylogénétiquement important.

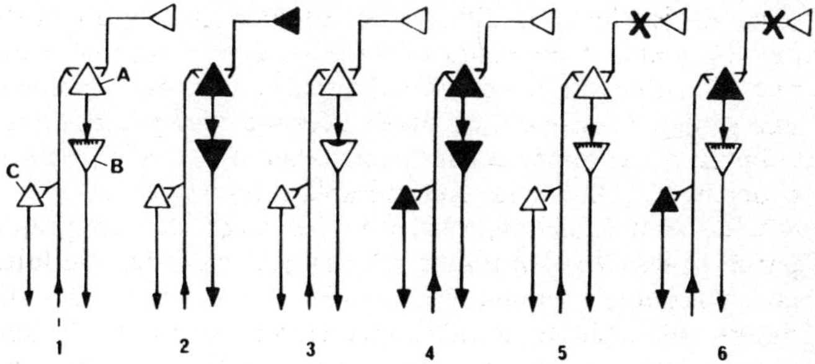

Figure 5. – 1) ***La cellule réceptrice*** *d'un signal déclencheur inné* (B) *vient de synthétiser une protéine réceptrice* (hachures). 2) *Au cours du sommeil paradoxal, le système* PGO *met en jeu l'interneurone (Golgi type II). Il en résulte l'excitation et la validation des récepteurs de la cellule réceptrice. Cette excitation survient en même temps que la programmation du comportement onirique (normalement bloqué par l'inhibition du tonus postural).* 3) *Après la fin du sommeil paradoxal, les récepteurs du stimulus déclencheur inné* (en noir) *demeurent fonctionnels pendant un temps variable.* 4) *Le stimulus déclencheur, lors de sa première présentation, met en jeu à la fois les mécanismes de réponses spécifiques et non spécifiques.* 5) *En l'absence de sommeil paradoxal, la protéine réceptrice n'est pas validée et le récepteur n'est pas fonctionnel.* 6) *Le stimulus déclencheur inné, lorsqu'il se présente, n'est pas reconnu comme tel. Il ne va déclencher alors que des réactions comportementales non spécifiques.*

V

Le sommeil paradoxal est-il le témoin neurobiologique de l'activité onirique ?

L'assimilation de l'*emerging stage one*, considéré comme un *stade* de sommeil léger, avec le sommeil paradoxal, considéré comme un « état » *sui generis*, plus « profond » que le sommeil profond, ne s'est pas faite sans difficulté. Même après que le concept d'état eut fini par l'emporter, il fallut plusieurs dizaines d'années pour convaincre les plus sceptiques que l'activité onirique n'était pas un processus continuel au cours du sommeil, mais qu'elle dépendait étroitement de l'irruption périodique du sommeil paradoxal (voir Debru, 1990).

En 1959, les expériences de neurophysiologie effectuées chez l'animal venaient de démontrer que le sommeil paradoxal était un état différent du sommeil et que, si on le considérait comme du sommeil, ce devait être du sommeil profond à cause de l'augmentation importante du seuil d'éveil. Pour l'école américaine, les périodes de mouvements oculaires découvertes en 1957 chez l'homme (baptisées *emerging stage one*) étaient considérées comme du sommeil léger, analogue au *descending stage one* qui survient au cours de l'endormissement (voir figure). Pour l'école amé-

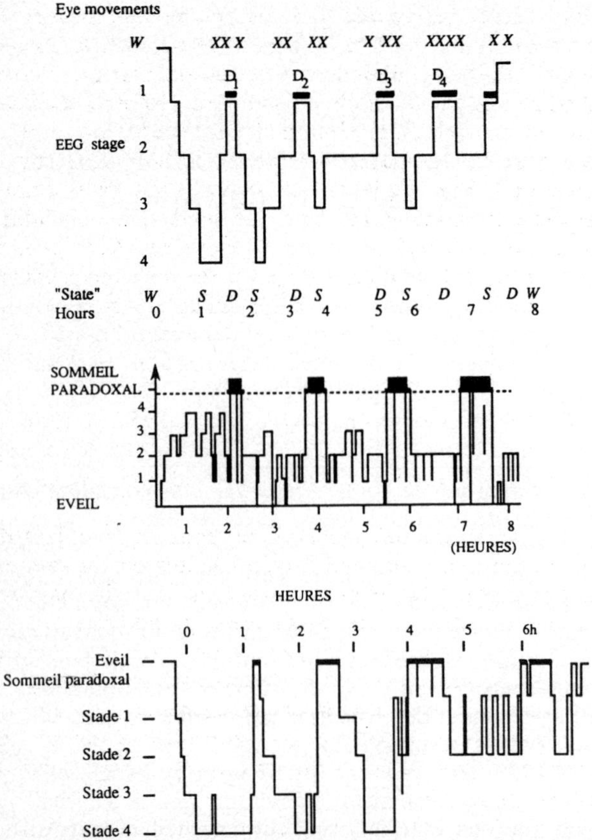

Représentation d'une nuit de sommeil normale (hypnogramme) selon les différentes théories du rêve :

En haut, *le Rêve (appelé ici D, comme D State) est assimilé au stade 1 du sommeil léger. W = Waking – Éveil. S = Sleep – Sommeil.*

Au milieu : *le Sommeil Paradoxal est représenté en noir (plus profond que le sommeil le plus profond – stade 4).*

En bas : *par convention, le Sommeil paradoxal est placé entre la veille et le stade 1 de sommeil léger, mais cette représentation ne préjuge en rien de son degré de profondeur.*

ricaine, encore influencée par les travaux de Maury (le rêve est un demi-éveil) et de Freud (le rêve est le gardien du sommeil), il était difficile en effet d'imaginer que l'*emerging stage one* fût un stade de sommeil profond, et encore moins un nouvel état. Comment un stade, ou état de sommeil profond, pouvait « garder » le sommeil, car un gardien doit être vigilant ? Le concept de rêve comme troisième état est maintenant presque universellement admis. Cependant, même si le terme d'*emerging stade one,* ou *stage 1 REM,* a tendance à disparaître, on trouve encore, dans la moitié environ des laboratoires de sommeil des États-Unis, le sommeil paradoxal (souvent baptisé *REM sleep*) au niveau du sommeil léger *(stage one)* sur les hypnogrammes (voir figure et lexique p. 120).

Les étapes suivantes ont permis, entre 1957 et 1986, de préciser chez l'homme les relations étroites entre le sommeil paradoxal et l'activité onirique à condition de bien la définir :

1) L'analyse fine des souvenirs obtenus en réveillant des sujets au cours du sommeil à ondes lentes ou du sommeil paradoxal permet facilement de repérer l'activité onirique. Celle-ci survient au cours du sommeil paradoxal.

2) Le rêve lucide ne survient qu'au cours du sommeil paradoxal. *Jamais* au cours du sommeil à ondes lentes.

3) Chez le chat, certaines lésions permettent de dévoiler l'apparition de comportements oniriques. Ceux-ci surviennent *toujours* au cours du sommeil paradoxal. *Jamais* au cours du sommeil lent.

4) Enfin, des observations récentes viennent de révéler que chez l'homme des atteintes pathologiques peuvent également provoquer des comportements oniriques. Ceux-ci surviennent *toujours* au cours du sommeil paradoxal. Ils s'accompagnent *toujours* de rêve. Ils ne surviennent *jamais* au cours du sommeil lent.

L'histoire de ces trente dernières années peut ainsi être représentée sur les graphes suivants :

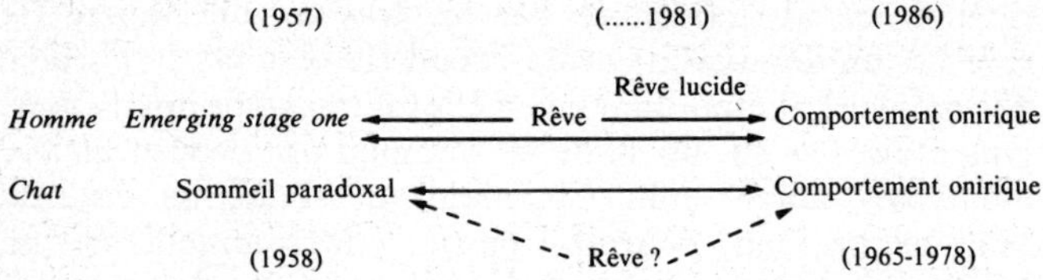

Le sommeil paradoxal, les rêves et les stades du sommeil lent

Les premières études du sommeil paradoxal étaient, pour la plupart, fondées sur l'intérêt porté aux rêves. Rêve-t-on vraiment durant les phases de sommeil paradoxal et ces dernières constituent-elles le seul moment propice aux rêves ?

Afin de répondre à cette question, Dement et Kleitman réveillèrent 191 fois des sujets pendant les périodes de sommeil paradoxal. Dans 152 cas, soit 80 %, ils obtinrent des souvenirs oniriques très nets. En contraste marqué, ils réveillèrent 160 fois des sujets pendant des périodes de sommeil lent pour n'obtenir que onze cas de souvenirs oniriques, soit 6,9 %.

En 1981, Dement a résumé huit études mondiales ayant trait aux souvenirs oniriques lors d'éveils en périodes lentes et paradoxales. « *Nous sommes arrivés à un total de 214 sujets, hommes et femmes, étudiés durant 885 nuits. Le sommeil fut interrompu 2 240 fois au cours de phases paradoxales qui nous fournirent 1 864 exemples de " souvenirs oniriques très nets ", c'est-à-dire dans 83,3 % des cas. Par rapport à l'ensemble des résultats obtenus en périodes de sommeil lent (14 %), la période de sommeil paradoxal peut, sans conteste, être considérée comme celle où existe la probabilité maximale de souvenirs oniriques.* »

Cependant, les chercheurs s'aperçurent par la suite qu'ils avaient négligé de déterminer avec exactitude la sorte de récit qui serait qualifiée de rêve et celle qui ne le serait pas et de s'entendre donc sur une définition commune. Autrement dit : « Qu'est-ce qu'un rêve ? »

C'est David Foulkes qui mit en lumière le besoin absolu d'une définition précise grâce à une étude des souvenirs oniriques issus de réveils au cours du sommeil lent.

« *Il accepta en tant que souvenir onirique* tous *les récits révélant une activité mentale, y compris ce qu'on pourrait appeler des récits de " pensées ". Il demandait aux sujets : "Avez-vous pensé à quelque chose ? " plutôt que : " Étiez-vous en train de rêver ? " Il est presque certain que la question de Foulkes apportait au récit un supplément de matériau que les sujets n'auraient pas vraiment qualifié de rêve. En conséquence, Foulkes obtint en cours du sommeil lent un pourcentage de " souvenirs oniriques " beaucoup plus élevé que celui des précédents chercheurs* » (Dement, 1981).

Comment départager les récits de « rêve » des récits de « pensées » ? Pour classifier les récits oniriques, un étudiant d'Allan Rechtschaffen, Gene Orlinsky, établit alors un barème en huit points :

0. Le sujet n'a aucun souvenir onirique ; aucun rêve n'est raconté lors de l'éveil.

1. Le sujet se souvient d'avoir rêvé, ou pense qu'il a pu rêver, mais sans pouvoir rien évoquer de précis.

2. Le sujet se souvient d'un thème précis mais isolé, tel qu'un fragment d'action ou de scène, un objet, un mot, une idée, mais qui n'est relié à rien.

3. Le sujet se remémore plusieurs pensées, scènes ou actions, n'ayant cependant aucun rapport entre elles.

4. Le sujet se souvient d'un rêve court mais cohérent, dont les différentes phases semblent reliées l'une à l'autre. Par exemple, une conversation au lieu d'un mot, un problème qui lui a traversé l'esprit au lieu d'une simple idée, une action non isolée ayant un but.

5. Le sujet se rappelle une séquence onirique détaillée où l'action entraîne une conséquence définie ; ou encore dans laquelle une scène, ou le personnage principal sont ensuite remplacés par d'autres (il diffère du 3, soit par sa cohérence, soit parce qu'en cours de développement la séquence subit certains changements).

6. *Le sujet se souvient d'une séquence onirique longue et détaillée en 3 ou 4 épisodes discernables.*
7. *Le sujet se souvient d'une séquence onirique extrêmement longue et détaillée, en 5 épisodes ou plus ; ou de plusieurs rêves lors d'un même réveil (l'un d'entre eux au moins étant évalué à 5).*

Sur quatre cents récits de réponses faites à l'issue de périodes de sommeil orthodoxe (à ondes lentes), Orlinsky découvrit que 57 % se situaient dans les catégories 1 à 7. En ne retenant que les catégories 2 à 7, le pourcentage des rêves descendait à 46 % et il déclinait au fur et à mesure qu'Orlinsky excluait une catégorie basse après l'autre. Ainsi, les catégories 6 et 7 ne donnaient-elles en tout qu'un pourcentage de 7 % de souvenirs oniriques. Cette étude souligna donc très clairement que le pourcentage du rêve au cours du sommeil lent dépendait essentiellement du critère utilisé lors de la définition du « souvenir onirique ». Ce principe permet d'expliquer les variations, selon les différentes études, des résultats obtenus en période de sommeil lent.

Des recherches ultérieures ont tenté de comparer des souvenirs typiques de périodes lentes et paradoxales. Les exemples suivants proviennent d'un article de Rechtschaffen (1967) :

Souvenir de « sommeil lent » : « *J'ai rêvé que j'étais sur le point de passer un examen. Ce fut un rêve très court. C'est tout ce qu'il contenait. Je ne crois pas que je m'inquiétais à ce sujet.* »

Souvenir de sommeil paradoxal (du même sujet réveillé à nouveau plus tard dans la nuit) : « *Je rêvais d'examens. Au début du rêve, je venais tout juste de finir d'en passer un et la journée était très ensoleillée. Je me promenais avec un camarade qui assiste en partie aux mêmes cours que moi. Il y eut une sorte de... de cassure, quelqu'un mentionna un diplôme obtenu dans un examen de socio-*

logie et je lui demandai si les notes de sociologie étaient déjà connues. Il a répondu que oui. Je n'avais pas eu connaissance des miennes parce que j'avais été absent toute la journée. »

En dépit d'une continuité thématique, le second récit contient visiblement beaucoup plus de la force et de l'organisation perceptuelle associées d'habitude aux rêves. Comparées aux souvenirs des périodes de sommeil paradoxal, les actions mentales au cours du sommeil lent sont généralement plus pauvres en souvenirs, plus proches des pensées que des rêves, moins vivantes, moins visuelles, plus conceptuelles, soumises à un plus grand contrôle de la volonté, plus en liaison avec la vie quotidienne, car elles surviennent lors d'un sommeil plus léger, moins sujet aux émotions et plus plaisant.

A la lumière de ces études, il semble que le rêve atteint son développement et sa structure finale dans la phase de sommeil paradoxal. Ainsi, on pourrait concevoir que le sommeil lent se prête à l'ébauche d'une élaboration onirique, qui débuterait à ce stade davantage sous forme de pensées et de réflexions, ne mettant pas à contribution toutes les participations sensorielles et motrices. Ce serait dans la phase du sommeil paradoxal que le rêve, dans sa texture finale, s'exprimerait avec toute la richesse sensorielle (visuelle, auditive, olfactive, gustative, etc.), émotionnelle et surtout *motrice* que l'on connaît.

Le sommeil paradoxal et le rêve lucide

Un rêve est appelé « rêve lucide » quand le sujet, au moment où il rêve, a conscience qu'il est en train de rêver. Cet état particulier donne au rêveur une certaine capacité de contrôle sur le déroulement même du rêve, ainsi qu'une sensation de liberté car le sujet a la possibilité d'explorer, selon sa propre fantaisie, son monde onirique.

Le fait que certains rêvent, tout en sachant qu'ils sont

en train de rêver, avait d'abord été noté par Aristote. Plus proche de nous, cette expérience a été longuement relatée par le marquis Harvey de Saint-Denis (1823-1892). Il publia en 1867, à partir de l'étude de ses propres rêves, un remarquable ouvrage : *Les rêves et les moyens de les diriger.*

Nous allons, à titre d'exemple, rapporter deux récits de rêve lucide. Le premier est de Harvey de Saint-Denis et le deuxième de Frederick Van Eeden (psychothérapeute néerlandais du début du siècle) :

1. « *Dans un autre rêve, où je crois me promener à cheval par une belle journée, la conscience de ma véritable situation me revient en mémoire, comme aussi cette question de savoir si le libre arbitre de mes actions imaginaires m'appartient en songe ou ne m'appartient pas. Voyons, me dis-je, ce cheval n'est qu'une illusion, cette campagne que je parcours un décor, mais si ce n'est point ma volonté qui a évoqué ces images, il me semble bien du moins que j'ai sur elles un certain empire. Je veux galoper, je galope, je veux m'arrêter, je m'arrête. Voici maintenant deux chemins qui s'offrent devant moi. Celui de droite paraît s'enfoncer dans un bois touffu ; celui de gauche conduit à une sorte de manoir en ruine. Je sens bien que j'ai la liberté de tourner à droite ou à gauche, et par conséquent de décider moi-même si je veux faire naître des associations d'idées-images en rapport avec ces ruines ou avec ce bois. Je tourne d'abord à droite, puis l'idée me vient qu'il vaut mieux, dans l'intérêt de mes expériences, guider un rêve aussi lucide du côté des tourelles et du donjon, parce qu'en cherchant à me souvenir exactement des principaux détails de cette architecture, je pourrai peut-être, à mon réveil, reconnaître l'origine de ces souvenirs. Je prends donc le sentier de gauche, je mets pied à terre à l'entrée d'un pont-levis pittoresque et durant quelques instants que je dors encore, j'examine très attentivement une infinité de détails grands et petits : voûtes ogivales, pierres sculptées, ferrures à demi rongées, fissures et altérations de la*

muraille, admirant avec quelle précision minutieuse tout cela se peint aux yeux de mon esprit. Bientôt pourtant, et tandis que je considère la serrure gigantesque d'une vieille porte délabrée, les objets perdent tout à coup leur couleur et la netteté de leurs contours, comme les figures des dioramas quand le foyer s'éloigne. Je sens que je me réveille. J'ouvre les yeux au monde réel, la clarté de ma veilleuse est la seule qui m'éclaire. Il est trois heures du matin. »

2. *« Le 9 septembre 1904, je rêvai que j'étais debout devant une table, près d'une fenêtre. Sur la table étaient disposés divers objets. Pleinement conscient que je rêvais, je réfléchis aux expériences que je pourrais faire. Je commençai par essayer de casser un verre en cognant dessus avec une pierre. Je posai une petite tablette de verre sur deux pierres et frappai avec une autre pierre, mais en vain. Je pris alors un verre de cristal fin sur la table et le serrai dans mon poing de toutes mes forces, pensant en même temps combien il serait dangereux de faire cela en état de veille. Le verre ne se brisa pas mais voilà que, le regardant de nouveau un peu plus tard, il s'était brisé ! Il s'était brisé correctement, mais un peu trop tard, comme un acteur qui rate sa réplique ! Cela me donna l'impression très curieuse d'être dans un monde truqué, très bien imité, mais avec de légères erreurs. Je pris alors le verre cassé et le jetai par la fenêtre pour voir si j'entendais le bruit des débris. Je l'entendis très bien et même j'aperçus deux chiens qui s'enfuyaient avec beaucoup de naturel. Je pensai alors quelle bonne imitation était ce monde de comédie. Voyant sur la table une carafe de bordeaux, je m'en versai et notai avec une parfaite clarté d'esprit : " Eh bien, on peut avoir aussi des sensations volontaires de goût dans ce monde de rêve ; ce vin est d'une saveur parfaite ! " »*

Il fallut attendre cependant des travaux récents pour apporter la preuve que le rêve lucide ne survient qu'au cours du sommeil paradoxal. C'est le docteur Stephen

Laberge qui, ayant fait lui-même des rêves lucides, voulut les étudier objectivement : « *Le problème était le suivant : puisque la plus grande partie du corps du rêveur est paralysée pendant le sommeil paradoxal, comment le rêveur pourrait-il envoyer un message qu'il est en train de rêver ? Qu'est-ce que le rêveur lucide, au moment où il rêve, pourrait être capable de faire, qui pourrait être observé ou mesuré par des scientifiques ? J'eus alors une idée. Il y a une exception évidente à cette paralysie musculaire, c'est le fait que le mouvement des yeux n'est en aucune façon inhibé durant le sommeil* REM. *Après tout, c'est la survenue du mouvement rapide des yeux qui a donné son nom à cet état du sommeil* [...] *Il m'apparut qu'en remuant mes yeux " dans le rêve " de façon reconnaissable, je serais susceptible d'envoyer un signal au monde extérieur quand j'aurais un rêve lucide.* »

Une étude fut réalisée par l'équipe de Laberge, en 1983, sur sept sujets, cinq hommes et deux femmes, ayant la capacité de faire des rêves lucides, durant 552 nuits. Ces sujets, entraînés, devaient signifier, par des combinaisons variées spécifiques de mouvements des yeux, des doigts et/ou des serrements de poings, enregistrés grâce à l'électromyogramme sur le tracé polygraphique de sommeil, le moment où ils devenaient conscients qu'ils étaient en train de rêver.

Au cours de cette étude, cinquante rêves lucides furent signalés par ce moyen : « *Tous les signaux associés, en relation avec la survenue de rêves lucides se sont manifestés sans ambiguïté pendant les périodes de sommeil paradoxal* [...] *Les deux conclusions principales de cette étude sont que le rêve lucide peut survenir durant le sommeil paradoxal et qu'il est possible pour les rêveurs lucides de le signaler tout en continuant à rêver. Ces résultats montrent que, dans certains cas, la perception de rêver durant le sommeil paradoxal peut être beaucoup plus réfléchie et rationnelle qu'on l'a quelquefois dit. Cela ouvre la possibilité d'une nouvelle approche dans la recherche sur le rêve : les rêveurs lucides pourraient permettre ainsi de nouvelles expériences comme de définir le temps exact d'événements oniriques particuliers, de permettre de faire le lien entre des corrélations électrophysiologiques précises et de tester méthodiquement des hypothèses* » (Laberge, 1981-1985).

Le comportement onirique chez le chat

Décrit pour la première fois à Lyon en 1965, ce comportement a été depuis observé et étudié surtout dans notre laboratoire et celui de R. Morrison à Philadelphie. La précision de sa description éthologique, faite par J.-P. Sastre dans mon laboratoire, n'a encore jamais été égalée (voir IV).

Le comportement onirique chez l'homme

Un syndrome, voisin du comportement onirique du chat, a été décrit en 1986 par Carlos H. Schenck et ses collaborateurs à l'Université du Minnesota. Il est caractérisé par :
- une diminution variable de l'atonie musculaire (en particulier des muscles de la houppe du menton à l'EMG),
- une augmentation extraordinaire de l'activité des membres (secousses, contractions),
- une augmentation de l'activité et de la densité des mouvements oculaires rapides.

Les examens polygraphiques confirment que ces troubles surviennent sélectivement lors du sommeil paradoxal.

Ce syndrome a été identifié chez des hommes, âgés de soixante-sept à soixante-douze ans, et une femme, âgée de soixante ans. Cette dernière présentait un sommeil fragmenté et des comportements oniriques sans manifestation violente. Les hommes, au contraire, présentaient un sommeil continu mais avaient manifesté chacun, lors de la survenue d'un rêve, des comportements agressifs où ils blessaient leur épouse ou se blessaient eux-mêmes, ceci pendant une période de quatre mois à six ans selon les sujets étudiés.

Une série de ces comportements survenant durant le sommeil paradoxal fut enregistrée sur cassette vidéo. On peut y voir des mouvements stéréotypés des mains, des gestes de recherche et d'atteinte d'objets, des coups de poing, des coups de pied, des vocalisations, en relation étroite semble-t-il avec le contenu du rêve : « *L'association avec le contenu du rêve des comportements oniriques fut rapportée directement par trois patients et déduite par les épouses des deux autres patients. Le déroulement du rêve était caractérisé par un état d'alerte psychique ou d'hyper-alerte, de perception vivace, particulièrement dans la sphère visuelle, une hyper-activité motrice fréquente des personnages du rêve, incluant le rêveur lui-même, des expériences émotionnelles et des séries d'événements parfois bizarres et complexes qui, chez les quatre hommes en question, les amenaient à réaliser des actes agressifs.* »

Voici, parmi d'autres récits cités, un exemple de récit de rêve rapporté par le patient lors d'un enregistrement polygraphique réalisé au laboratoire :

« *Une séquence comportementale commence lors d'une période de sommeil paradoxal et se caractérise principalement par des manifestations du bras droit, à type de secousses et de mouvements de combat, puis une pause qui se termine par de nouveaux mouvements de frappe du bras droit, une flexion de ce bras, tandis que le patient se tourne sur sa gauche et qu'il fait un effort avorté pour se soulever de son lit. Quand un examinateur arrive, 20 secondes plus tard, le patient rapporte qu'il était en train de rêver qu'il tenait un chien ou un chat dans sa main droite et essayait de l'empêcher de s'enfuir et qu'au moment où l'animal réussit à s'enfuir, il se tourna sur la gauche pour tenter de le capturer.* »

Dans d'autres rêves, les patients luttaient contre un animal dangereux et se réveillaient alors qu'ils s'étaient blessés lors de leur « fuite onirique », ou bien qu'ils essayaient d'étrangler leur femme. Le premier traitement de fortune utilisé par ces patients fut de faire chambre à part ! Un traitement plus sophistiqué fut proposé, avec succès semble-t-il, par les auteurs qui administrèrent du Clonazepam ou de la Desipramine, dont l'arrêt de la prescription provoqua une rechute immédiate des symptômes.

Il est à noter que le « sommeil lent » de ces sujets était dépourvu de comportement agressif, bien que trois d'entre eux aient manifesté des épisodes myocloniques chroniques.

Enfin, pour les sujets étudiés, on ne trouva aucun trouble psychiatrique actuel associé, ni dans les antécédents, mais on découvrit chez quatre d'entre eux une corrélation étroite entre la survenue du « comportement onirique » et le début d'une pathologie neurologique : une dégénérescence olivo-ponto-cérébelleuse, un syndrome de Guillain-Barré, une hémorragie méningée et une dégénérescence atypique.

LEXIQUE

Le lecteur peut être parfois désorienté par la multiplicité des termes employés par les différentes écoles de physiologie pour désigner le même phénomène.

Ce foisonnement est la preuve que nous ne connaissons pas encore les mécanismes du sommeil et du rêve. Certains termes sont neutres, d'autres empruntent à la phénoménologie une seule caractéristique pour désigner le rêve. Le terme le plus malheureux est celui de *rapid eye movements sleep (REM sleep)*. Comment l'appliquer à la taupe (qui n'a pas d'yeux) ou à la chouette (qui ne bouge pas les yeux) ?

Voici la liste, non exhaustive, des synonymes employés pour caractériser le sommeil et les rêves.

– Sommeil (jusqu'en 1960).
Sommeil à ondes lentes, sommeil lent (il contient 2 stades chez le chat et 4 stades chez l'homme : 1-2 sommeil léger – 3-4 sommeil profond).
Sommeil synchronisé.
Sommeil orthodoxe.
Sommeil télencéphalique.
Non REM sleep.
Quiet sleep – sommeil tranquille (au cours de l'ontogenèse).

– Rêve (jusqu'en 1960).
Emerging stage one.
Activated sleep (sommeil activé).
Sommeil désynchronisé.
Sommeil rapide.
Phase paradoxale du sommeil.
Sommeil paradoxal.
Sommeil sismique (au cours de l'ontogenèse).
Phase rhombencéphalique du sommeil (PRS).
Stage 1 REM sleep.
REM sleep.
Dreaming state – D state.

VI
Le sommeil, l'autre versant de l'esprit *

Sommeil – esprit ! Ces deux phénomènes sont en apparence contradictoires. D'une part, la ressemblance du sommeil et de la mort illustrée par Hypnos et Thanatos, les deux frères jumeaux de la mythologie grecque, d'autre part, l'esprit, ce témoin de l'activité nerveuse supérieure au cours de l'éveil.

Il est vraisemblable que cette contradiction est à l'origine du concept d'esprit. Imaginons les premiers Hominiens réfugiés dans une grotte de l'Afrique orientale. Ils possèdent déjà un langage rudimentaire et ils pensent mais ils ne pensent pas encore qu'ils pensent... Un rêveur se réveille et raconte qu'au cours de la nuit, il était sorti de la grotte et avait volé comme un oiseau. Ses compagnons le regardent, stupéfaits et incrédules. Le même phénomène se reproduit encore, et encore.

Certes, la pensée humaine dut hésiter entre deux aspects de l'individualisation du rêve, le mouvement de l'âme errante quittant son corps pour se livrer à un vagabondage

* Publié par le Conseil pontifical pour la pastorale des Services de la santé dans la revue *Dolentium hominum*, 1991, 16, 60-68.

nocturne, ou le mouvement des dieux et des démons venant visiter l'homme endormi et lui octroyer ses révélations [1-2]...

Bien sûr, ce n'est pas au neurobiologiste de retracer l'histoire du rêve, ce premier aspect de l'inconscient découvert bien avant les concepts de conscience et d'inconscient au niveau cognitif et affectif. Au neurobiologiste, la tâche encore impossible d'essayer d'expliquer avec nos connaissances actuelles les machinations de la nuit au niveau de l'esprit.

Il nous faut d'abord nous situer parmi les différentes « écoles » qui étudient la conscience, car cette situation est responsable de notre définition de l'esprit.

Ni le behaviorisme (qui évacue le problème de l'esprit ou de la conscience), ni le fonctionnalisme qui ne s'intéresse qu'aux performances et qui peut fort bien admettre qu'un ordinateur soit conscient, ni le panpsychisme ne sont appropriés à notre étude. En l'absence de preuves permettant de concevoir des influences externes immatérielles pouvant agir sur le cerveau en violation des lois de la thermodynamique, nous nous situons donc, pour le moment, au sein de l'école dite de « l'identité psychoneurale » et donc en opposition avec le dualisme cartésien, dans son acception originale ou dans ses développements plus récents.

Par esprit, nous entendons le fonctionnement de l'activité nerveuse supérieure : la perception ou l'aperception de l'environnement, la représentation d'êtres absents (imagerie mentale) permettant la prévision de certaines réponses complexes, la communication avec les congénères. En bref, chez l'homme, la conscience réflexive : « Je pense que je pense », la conscience : « Je pense », l'inconscient : « J'ai fait cet acte complexe sans y penser. » Nous admettons que certains aspects de la conscience peuvent exister chez

1. Voir II.
2. Caillois R. et von Grunebaum G.E. (eds), *Le Rêve et les sociétés humaines*, NRF, Gallimard, Paris, 1967.

tous les homéothermes, des oiseaux (le perroquet gris du Gabon est capable de retenir 1 200 mots, plus qu'un enfant de cinq ans) [3]. La conscience de soi (reconnaissance de sa face dans un miroir) apparaît avec le chimpanzé, mais n'existe pas chez le gorille. La conscience réflexive est sans doute réservée à l'homme éveillé (je suis conscient d'être conscient) et au rêveur. Dans ce dernier cas, comme nous le verrons plus bas, la conscience réflexive peut être sujette à d'étranges distorsions.

Les différents modes opérationnels synchroniques de la conscience sont prolongés par un sillage diachronique en rapport avec la mémoire. Nous pouvons en général nous souvenir facilement de nos pensées ou de nos actes conscients, alors que des associations d'idées nous permettent de retrouver l'origine de certains actes inconscients.

Neurobiologie de « l'esprit » au cours de l'éveil

Avant d'aborder le problème de l'esprit au cours du sommeil, il nous faut résumer, *a contrario,* ce que nous savons des corrélats (ou de l'ensemble des conditions) que nous observons lorsqu'un homme ou un chat effectue une opération consciente au cours de l'éveil (attention, par exemple). Nous disons bien corrélats ou conditions, car nul n'est encore capable d'assigner une causalité nécessaire et suffisante à la prise de conscience.

Trois conditions majeures semblent accompagner l'attention consciente.

1) La prise de conscience nécessite l'intégrité de certaines aires corticales (en particulier le cortex pariétal). Il n'existe en effet aucune preuve de perceptivité chez des sujets atteints de lésion corticale diffuse.

3. Griffin D.R. (ed.), *Animal Mind – Human Mind,* Springer Verlag, Munich, 1982.

2) L'intégrité du cortex n'est cependant pas suffisante. Il faut un certain niveau d'excitation des nombreux modules qui constituent l'élément de base du fonctionnement cortical. Ce niveau d'excitation se traduit par une activité électrique cérébrale particulière (la réaction d'éveil), que l'on peut enregistrer au niveau du scalp chez l'homme ou par des électrodes directement placées au niveau du cortex chez l'animal. L'activation corticale de l'attention, qu'elle soit provoquée par un signal du milieu extérieur ou qu'elle soit le résultat de la rentrée de signaux générés par le cortex (images mentales), n'est pas un phénomène strictement cortical mais nécessite la mise en jeu active de système sous-corticaux. Ces systèmes, étagés du bulbe à l'hypothalamus, libèrent des neuromédiateurs (catécholamines, indolamines, histamine, acétylcholine, neuropeptides) qui « activent » les modules corticaux selon des hiérarchies et des modalités complexes [4].

3) L'attention consciente s'accompagne enfin de phénomènes énergétiques particuliers mis en évidence par la caméra à positrons. Les modules corticaux consomment alors plus de glucose. Cependant, il semble exister un découplage entre la consommation de glucose et d'oxygène, si bien que les aires corticales peuvent utiliser la voie anaérobie (production de lactate) lors de l'attention [5].

En résumé, au cours de l'éveil, l'attention consciente nécessite une relative intégrité du cortex cérébral associée à l'action excitatrice de structures du tronc cérébral. Ce processus nécessite une augmentation de l'énergie sous forme de glucose qui peut être métabolisé par voie anaérobie.

4. Buser P.A. et Rougel-Buser A. (eds), *Cerebral correlates of conscious experience*, North Holland, Amsterdam, 1978.
5. Fox P.T., Raichle M.E., Mintun M.A. et Denle C., « Non oxidative glucose consumption during focal physiologic neural activity », *Science*, 1988, 241 : 462.

Les états de sommeil et l'esprit

Chez la grande majorité des homéothermes, oiseaux et mammifères, il est devenu classique d'opposer deux *états* de sommeil qui sont caractérisés par des aspects comportementaux, électrophysiologiques et énergétiques différents : le sommeil à ondes lentes et le sommeil avec activité rapide corticale, encore appelé sommeil paradoxal ou *rapid eye movement (REM) sleep.* Les rapports de ces deux états avec l'esprit doivent donc être étudiés successivement.

Le sommeil à ondes lentes

Il se caractérise par la disparition de deux conditions majeures qui accompagnent l'éveil conscient.

1) D'une part, l'activité corticale n'est plus rapide. Elle se ralentit et est envahie par une activité automatique dite de « fuseaux », d'origine thalamique. On admet que des circuits thalamo-corticaux empêchent alors toute possibilité d'intégration consciente, ou de perceptivité. Au fur et à mesure que la profondeur du sommeil augmente apparaissent des ondes lentes de haut voltage qui sont initiées à partir du cortex selon des mécanismes inconnus.

2) Le sommeil s'accompagne également d'une diminution marquée de la consommation de glucose et d'oxygène par le cortex cérébral [6], tandis que des réserves énergétiques

6. Frank G., Salmon E., Poirier R., Sadzot B. et Franco G., « Étude du métabolisme glucidique cérébral régional chez l'homme au cours de l'éveil et du sommeil par tomographie à émission de positrons », *Rev.* EEG, *Neurophysiol. clin.*, 1987, 17 : 71-77.

sont alors stockées dans les cellules gliales sous forme de glycogène [7].

L'esprit pendant le sommeil à ondes lentes

Une première remarque s'impose. Elle avait déjà été bien exprimée par le théologien de Cambridge Ralph Cudworth, en 1678 [8], en réponse à René Descartes : « *qu'il puisse exister cependant une énergie vitale sans conscience claire et sans attention explicite ou autoperception semble plausible. Tout d'abord les philosophes qui ont fait consister l'essence de l'âme dans la réflexion, et l'essence de la réflexion dans la conscience claire et explicite, ne peuvent absolument pas nous faire croire que l'âme humaine dans le sommeil profond, la léthargie ou l'apoplexie... peut jamais rester un seul instant sans réflexion explicitement consciente. S'il en était ainsi, de par les principes de leur philosophie, ils devraient* ipso facto *cesser d'être... Il est certain que notre âme elle-même n'est pas toujours consciente de ce qu'il y a en elle. Car le géomètre endormi ne cesse pas pour autant d'avoir en lui d'une certaine manière tous ses théorèmes géométriques, de même le musicien endormi n'en conserve pas moins toutes ses aptitudes musicales et ses mélodies...* »

Nous savons ainsi depuis longtemps que la mémoire peut résister au sommeil profond (et qu'elle peut même persister chez l'animal en l'absence de toute activité électrique cérébrale en hypothermie).

Qu'en est-il de la conscience, perception ou aperception du milieu extérieur ? Il a été prouvé que l'apprentissage cessait complètement pendant le sommeil et « l'hypnopédie » est une illusion, même si le sommeil *après* un appren-

7. Giuditta A., *The neurochemical approach to the study of sleep, in « Handbook of neurochemistry »*, Lajtha A. (ed.), Plenum Press, New York, 1984.
8. Cudworth R., *True intellectual system of the Universe*, II, p. 346, 1678.

tissage peut avoir une influence bénéfique. En fait, les données concernant le courant de la conscience pendant le sommeil nous viennent essentiellement d'études menées chez l'homme, réveillé au cours du sommeil sous contrôle électroencéphalographique. Ces expériences ont été menées depuis trente ans, dans de nombreux laboratoires. Il est assez clairement établi, cependant, qu'un sujet réveillé brusquement au cours du sommeil qui précède le premier rêve de la nuit est incapable de se rappeler la moindre pensée, et souvent ne peut même pas deviner la durée de son sommeil, ce qui semble traduire une suspension de toute conscience, même de la conscience d'être endormi (le ronfleur ignore qu'il ronfle). Dans 30 % des cas, cependant, il est possible d'obtenir le souvenir d'une pensée de type abstrait totalement différente de l'imagerie onirique. Le sujet croit alors qu'il a rêvé, mais est incapable de décrire son rêve [9].

Le problème du somnambulisme

Considéré comme rare mais non pathologique, puisqu'il peut survenir dans 10 % des cas chez des enfants ou adolescents de moins de quinze ans, le somnambulisme [10] survient au cours du sommeil à ondes lentes, comme l'ont prouvé des enregistrements, électroencéphalographiques télémétriques. Un enfant somnambule est capable de se lever, d'ouvrir une porte et d'aller chercher quelque nourriture. Lorsqu'il est réveillé brusquement, le sujet somnambule ne sait pas pourquoi il est debout et a perdu tout souvenir de cet épisode.

Le somnambulisme est ainsi un bon exemple d'absence de corrélation psychoneurale qui doit rappeler le neurobio-

9. Debru C., *Neurophilosophie du rêve,* Hermann, Paris, 1990.
10. Gastaut H. et Broughton R., « A clinical and polygraphic study of episodic phenomena during sleep », *Rec. Adv. Biol. Psychiat.*, 1965, 7 : 197.

logiste à l'humilité : en effet, malgré la présence d'ondes corticales lentes (et donc *a contrario* en l'absence d'activation corticale que nous avons considérée comme une condition de l'attention consciente), on peut observer un comportement complexe dirigé vers un but. Pour un behavioriste, ce comportement pourrait traduire une conscience similaire à la conscience vigile. Une analyse plus fine révèle que la mémorisation du comportement somnambule est absente.

Au terme de cette première analyse, la neurobiologie (et surtout la neurophysiologie clinique) doit avouer que les rapports du sommeil et de la conscience sont ambigus et que les conclusions *provisoires* suivantes sont plausibles :

Pendant le sommeil lent (qui précède la première phase de rêve), il n'existe aucune preuve de l'existence d'une conscience réflexive – ou de la conscience de dormir. *Nul ne peut dire : Je pense que je dors* et encore moins : *Je pense que je pense que je dors* (voir à ce sujet l'analyse de la conscience au cours de l'endormissement faite par Sartre [11]).

Il est possible que le bref éveil déclenché chez un dormeur (et qui s'accompagne d'activation corticale) soit suffisant pour permettre l'accession à une conscience non réflexive *(Je crois que je pensais à quelque chose).*

La perception du somnambule, capable d'ouvrir et de refermer une porte, est un bon exemple de perception inconsciente. Les somnambules, même adultes, ne se disent jamais : *Je pense que je marche en état somnambulique* et ils ne gardent jamais le souvenir de leur accès lorsqu'on les réveille.

Admettons donc qu'une perception inconsciente non accompagnée d'intégration mnémonique peut parfois exister en l'absence d'activation corticale au cours du sommeil.

11. Sartre, J.-P., *L'imaginaire*, Gallimard, Paris, 1940.

Le sommeil paradoxal et les consciences oniriques

Le sommeil paradoxal (REM sleep)

Chez l'homme, le sommeil paradoxal est un phénomène périodique qui survient 90 minutes après l'endormissement, donc après environ 80 minutes de sommeil à ondes lentes. Il se caractérise par l'activation de l'électroencéphalogramme dont l'aspect devient similaire à celui de l'attention vigile (ou du stade très léger de l'endormissement) *(descending stage 1)*. Ce phénomène s'accompagne de mouvements oculaires rapides, d'une atonie posturale et d'érection. La durée d'une phase de sommeil paradoxal est de 20 minutes. Ces phases surviennent toutes les 90 minutes et sont séparées par du sommeil à ondes lentes. Ainsi, au cours d'une nuit de sommeil, apparaissent 4 ou 5 phases de sommeil paradoxal (environ 100 minutes, soit 20 % de la durée totale du sommeil). Cette phase de sommeil a été considérée au début comme un stade de sommeil léger analogue à l'endormissement *(emerging stage 1)*. On sait maintenant qu'il s'agit d'un *état* aussi différent du sommeil que celui-ci l'est de l'éveil [12].

Chez l'homme, le rêve survient pendant le sommeil paradoxal

L'homme sait qu'il rêve depuis l'aube de l'humanité mais ce n'est que depuis 1957 que l'on a pu identifier les périodes de sommeil paradoxal comme corrélats neurophysiologiques du rêve [13].

En effet, lorsqu'ils sont réveillés au cours d'une période

12. Jouvet M., « Paradoxical sleep. A study of its nature and mechanisms », *Prog. Brain Res.*, 1965, 18 : 20.
13. Dement W. et Kleitman N., « Cyclic variation in EEG during sleep and their relation to eye movements, body motility and dreaming », *Electroencephal. clin. Neurophysiol.*, 1957, 9 : 689.

de sommeil paradoxal, les sujets sont capables de raconter, avec beaucoup de détails, des visions oniriques en couleurs, plus rarement des souvenirs auditifs ou gustatifs, parfois des sensations de vol. Il existe un rapport significatif entre l'intensité émotive des visions du drame onirique et les altérations de la fréquence cardiaque ou respiratoire. Ainsi, presque tous les réveils de sujets au cours du sommeil paradoxal entraînent des souvenirs très précis de rêves, alors que des réveils provoqués à des intervalles de plus en plus longs après la fin spontanée d'un épisode de sommeil paradoxal entraînent des souvenirs de plus en plus estompés et sans couleur. Ces souvenirs sont probablement la source de certains aspects de la conscience au cours du sommeil à ondes lentes (voir plus haut).

Les états de conscience onirique

A) J'ai rêvé que je volais. *J'étais sûr que je ne rêvais pas. J'étais sûr d'être éveillé* et je m'étonnais de ne pas avoir essayé plus tôt de voler, tellement c'était facile...

B) J'ai rêvé que je volais. A ce moment, *j'étais sûr de rêver* mais je n'ai pas bougé. J'ai assisté, émerveillé, à mes évolutions en vol, sans prévoir ce qui se passerait. C'est un sentiment extraordinaire.

Telles sont les deux modalités de la conscience onirique que l'on peut obtenir en réveillant des sujets au cours des rêves (le rêve de vol est relativement fréquent et permet mieux, par son étrangeté, l'analyse de la conscience).

Chacun, au moins ceux qui se souviennent de leurs rêves, a le souvenir d'un rêve du type A, dont l'archétype le plus célèbre est le rêve de Tchouang-Tseu rêvant qu'il est papillon ou du papillon rêvant qu'il était Tchouang-Tseu. La réalité de la conscience onirique est bien résumée par cette formule d'Havelok Ellis [14] : « *Dreams are real while*

14. Ellis H., *The World of Dreams*, Houghton Mifflin, New York, 1992.

they last, can we say more of life. » Notre conscience onirique réagit ainsi, comme si elle était vigile. Nous pensons que nous ne rêvons pas. Il s'agit donc d'une *conscience réflexive* puisque nous pouvons nous demander si nous rêvons. La conscience onirique ressemble ainsi à celle du sujet éveillé en proie à des hallucinations. L'imagerie onirique ou hallucinatoire déclenchée par un système endogène situé dans le tronc cérébral est considérée comme la réalité, même si elle est fantastique. La raison de la conscience réflexive qui intervient au cours de l'éveil est alors absente. L'illusion de la réalité au cours des rêves a fait l'objet de commentaires nombreux par les philosophes [15]. Nous essaierons plus loin d'en cerner certains aspects psychophysiologiques.

Les rêves du type B sont beaucoup plus rares (1 à 2 % des souvenirs de rêves). Il est convenu de les appeler « rêves lucides ». Il faut remarquer que le troisième rêve de Descartes au cours de la fameuse nuit du 10 novembre 1619 était un rêve lucide... « *Ce qu'il y a de singulier à remarquer, c'est que doutant si ce qu'il venait de voir était songe ou vision, non seulement il décida en dormant que c'était un songe, mais il en fit encore l'interprétation avant que le sommeil le quittât...* » (Descartes parle de lui à la troisième personne) [16]. On sait que ce rêve conduisit Descartes à proposer la dichotomie entre *res immateria* et *res materia* et la formule « Je pense donc je suis » qui devait retarder les études sur l'inconscient en France [17].

Le rêve lucide est bien un rêve authentique : des rêveurs lucides ont été enregistrés pendant toute la nuit avec des électrodes au niveau du scalp, des orbites et des muscles. Il est donc ainsi possible de repérer sans aucune ambiguïté l'apparition des signes cardinaux du sommeil paradoxal (qui sont impossibles à simuler). On demande au sujet

15. Ey H., *La conscience*, PUF, Paris, 1963.
16. Descartes R., *Œuvres*, éditées par F. Alquié, Garnier, Paris.
17. Whyte L.L., « The unconscious before Freud », *Basic books Publ.*, New York, 1960.

avant qu'il ne s'endorme de signaler qu'il rêve en bougeant par exemple un doigt de façon codée (3 fois, 2 fois, 1 fois, par exemple). Ce signal peut être enregistré sur le polygraphe. C'est ainsi que, grâce aux travaux de Laberge, on possède quelques enregistrements de périodes de rêves lucides au cours desquels le signal codé est inscrit [18].

Je dois confesser que pendant longtemps je n'ai pas cru à l'existence de ces rêves lucides. Cependant, depuis trois ans, à quatre reprises, j'ai pu constater l'extraordinaire expérience subjective que représente le déroulement de l'imagerie onirique que l'on ne peut influencer, et à laquelle on assiste en étant parfaitement conscient qu'il s'agit d'un rêve. Ainsi, un Moi conscient d'être conscient (et éveillé) (conscience réflexive) est « rêvé », par un inconscient qu'il ne peut influencer (mais qu'il peut interrompre au moindre mouvement). L'interprétation en termes neurobiologiques de ces phénomènes nous échappe. Cependant, certains mécanismes du sommeil paradoxal chez l'animal ont été élucidés depuis trente ans. Peuvent-ils nous servir à comprendre les mécanismes du rêve chez l'homme ?

La neurobiologie du sommeil paradoxal est-elle une neurobiologie du rêve chez l'animal ?

Nous pouvons être sûrs qu'un sujet humain rêve au cours du sommeil paradoxal, car il peut nous décrire ses souvenirs oniriques, mais peut-on interroger un chat en le réveillant au cours de cet état de sommeil ? La découverte et l'analyse des *comportements oniriques* permettent cependant de supposer que le chat rêve [19] : il a en effet été possible de délimiter les groupes de neurones responsables de l'atonie musculaire du sommeil paradoxal. (Très brièvement, ce

18. Gackenabch J. et Laberge S. (eds), *Conscious Minds, Sleeping brain. Perspectives on lucid dreaming*, Plenum Press, New York, 1988.
19. Sastre J.-P. et Jouvet M., « Le comportement onirique du chat », *Physiol. and Behav.*, 1979, 22 : 982.

groupe de neurones cholinoceptifs est situé de façon paire et symétrique dans la formation réticulée pontique. Il envoie des informations qui sont relayées dans le bulbe. A partir du bulbe, descend un système inhibiteur probablement glycinergique qui vient bloquer les excitations des motoneurones au niveau des cibles postsynaptiques du bulbe et de la moelle.)

La destruction sélective des systèmes responsables de l'atonie musculaire peut ainsi permettre de dévoiler les comportements oniriques qui sont l'expression de l'activité des systèmes moteurs corticaux et sous-corticaux mis en jeu par un « générateur » situé dans le tronc cérébral. Le chat dont l'éveil et le sommeil sont normaux va présenter au cours du sommeil paradoxal des comportements caractéristiques : orientation, guet, attaque et poursuite de proies imaginaires, frayeur, combat, etc. Pendant ces épisodes, l'animal ne réagit pas aux stimulations du milieu extérieur. Il ne fait aucun doute qu'il s'agit bien de sommeil paradoxal avec persistance du tonus musculaire comme l'ont démontré les nombreux enregistrements des signes électriques spécifiques de cet état dans différents laboratoires. L'électrophysiologie nous apporte alors d'intéressantes précisions :

Le cortex cérébral présente en effet une activité électrique rapide similaire à celle de l'éveil tandis que le cortex visuel reçoit des signaux endogènes issus du tronc cérébral qui pourraient être les corrélats d'une imagerie visuelle (activité dite ponto géniculo-occipitale – PGO).

L'étude des latences entre mouvements oculaires et l'arrivée de ces signaux au niveau du cortex visuel démontre cependant l'existence d'un paradoxe : chez l'animal éveillé et attentif, le signal rétinien de la cible de l'attention arrive aux centres visuels avant que ne se déclenche le mouvement oculaire de poursuite (la cause précède l'effet). Par contre, chez l'animal rêveur, le début du mouvement oculaire *précède ou coïncide* avec l'arrivée du signal endogène non rétinien (activité PGO) au niveau du cortex visuel. Il faudrait alors concevoir que l'effet précède la cause, ce qui est évidemment impossible. Il faut donc admettre qu'un système cérébral programme (ou sélectionne) *à la fois* l'imagerie onirique et la réponse d'orientation oculomotrice. Les délais synaptiques peuvent, en effet, expliquer les latences entre un générateur ponto-bulbaire et l'arrivée des informations au niveau des noyaux oculomoteurs et du cortex visuel.

L'ensemble de ces données permet d'émettre les hypothèses suivantes :

– ou bien le comportement onirique n'est que le déclenchement de comportements automatiques organisés et complexes sans phénomènes hallucinatoires comme ceux de l'imagerie onirique (le chat agirait alors comme un automate, ou comme l'animal-machine de Descartes) ;

– ou bien il existe à la fois, chez le chat, une excitation de la sphère sensorielle (surtout visuelle) en même temps que surviennent des comportements adaptés à ces hallucinations (attaque, fuite, poursuite). Cette hypothèse nous oblige alors à admettre qu'il existe une différence fondamentale entre l'organisation sensorimotrice de la perception onirique et celle de l'attention visuelle au cours de l'éveil.

Ainsi, l'hypothèse de rêve d'action caractéristique de l'espèce féline (guet, attaque, rage, fuite, peur, poursuite) survenant au cours du sommeil paradoxal est plausible bien que difficilement réfutable. Certains mécanismes étudiés chez le chat au cours du sommeil paradoxal peuvent donc, toutes réserves faites, être extrapolés à l'homme, surtout depuis que des comportements oniriques ont été découverts chez l'humain.

Le comportement onirique chez l'homme

Chez des individus masculins atteints de lésions du tronc cérébral lésant les structures inhibitrices du tonus musculaire, il a été décrit récemment des comportements oniriques – souvent représentés par des attaques violentes (entraînant des fractures du bras du rêveur ou des ecchymoses sur sa conjointe !). Dans tous les cas, les enregistrements polygraphiques de ces épisodes ont révélé qu'ils survenaient exclusivement au cours du sommeil paradoxal avec tonus musculaire et qu'ils s'accompagnaient d'un rêve (attaque d'un animal par exemple) [20].

Les corrélations synchroniques suivantes entre un état neurobiologique objectif (le sommeil paradoxal) et les phénomènes de l'esprit peuvent donc enfin être établies :

– chez l'homme :

sommeil paradoxal ↔ rêve ↔ comportement onirique

– chez le chat :

sommeil paradoxal ↔ comportement onirique ↔ rêve

Ces corrélations nous autorisent à résumer dans le tableau ci-joint les similarités (≡) et les différences () entre certains événements neurophysiologiques observés au cours de l'attention visuelle, du sommeil et du « rêve » chez le chat.

Certaines conditions globales sont communes à l'attention et au rêve (et absentes au cours du sommeil). Cependant, il est évident que le fonctionnement du cerveau est différent au cours de la conscience vigile et de la conscience onirique, puisque de nombreux systèmes du tronc cérébral sont actifs au cours de l'éveil, alors qu'ils demeurent inactifs ou inhibés au cours des rêves (et vice versa).

La périodicité du rêve

Le problème majeur que la neurophysiologie essaie de résoudre concerne la signification de la périodicité du rêve. Pourquoi la « machine onirique » fonctionne-t-elle de façon périodique et non pas continue ?

20. Schenk C.H., Bundlie S.R., Patterson A.L. et Mahowald M.W., « Rapid eye movement sleep behavior disorder », *J. Amer. med. Ass.*, 1987, 257 : 1786-1789.

	Attention visuelle (Éveil)	**Sommeil** (ondes lentes)	**Sommeil paradoxal** (Rêve)
Activité électrique corticale	rapide	lente	= rapide
Consommation de glucose du cortex visuel	augmente	diminue	= augmente
Consommation d'oxygène du cortex visuel	n'augmente pas (découplage)	diminue	? devrait augmenter (non encore vérifié)
Température cérébrale	augmente	diminue	diminue puis augmente
Mouvements oculaires	suivent la cible de l'attention, sont consécutifs à l'arrivée du signal rétinien au niveau du cortex visuel	absents	♯ sont déclenchés par un système endogène (PGO). Précèdent ou sont concomitants de l'arrivée du signal PGO au niveau du cortex visuel
Tonus postural	augmenté	diminué	♯ *aboli*
Activité des systèmes sous-corticaux activateurs du cortex (catécholamine, indolamine ; histamine)	augmentée	diminuée	♯ *abolie*
Activité du système pyramidal	augmentée	diminuée	augmentée
Activité du générateur onirique ponto-bulbaire	abolie	abolie	♯ *très augmentée*

Tableau très schématique des principales variables neurobiologiques observées au cours de l'éveil, du sommeil et du rêve chez le chat. Le signe = indique une similarité entre l'attention et le rêve. Le signe ♯ indique une différence (voir références in note 21).

La périodicité ultradienne du rêve au cours du sommeil [21] (que l'on convient d'appeler τ') est une caractéristique de l'espèce. Elle est corrélée assez étroitement au logarithme du poids du corps, et donc à son métabolisme. Le τ' du « rêve » d'un rat est de 10 minutes, celui du chat est de 25 minutes, de l'homme de 90 minutes, et de l'éléphant 180 minutes. D'autre part, la durée moyenne de chaque épisode de « rêve » est également corrélée avec l'espèce, 2 minutes pour le rat, 6 minutes pour le chat, 20 minutes chez l'homme [22].

Ainsi, le générateur périodique du rêve au cours du som-

21. Orem J. et Barnes C.D. (eds), *Physiology in sleep*, Academic Press, New York, 1980.
22. Mayes A. (ed.), « Sleep mechanisms and functions. An evolutionary perspective », *Van Nostrand Reinhold*, UK, 1983.

meil obéit une loi relativement simple. Chez la majorité des espèces, le rêve occupe à peu près le quart de sa période (6/24 chez le chat, 20/90 chez l'homme). Des expériences récentes de notre laboratoire ont montré qu'il était possible de faire varier soit la durée, soit le τ' chez des préparations animales dont on peut à volonté modifier l'énergétique cérébrale en agissant soit sur la température (demande énergétique) soit sur l'oxygénation (offre énergétique). La périodicité du rêve apparaît donc contrôlée par des phénomènes *économiques* centraux (rapport entre l'offre et la demande énergétique). On peut, métaphoriquement, expliquer cette relation de la façon suivante : le rêve semble nécessiter une grande dépense énergétique (augmentation de la consommation de glucose couplée probablement à une augmentation de la consommation d'oxygène), alors que l'attention nécessite une augmentation de la consommation de glucose *sans* augmentation de la consommation d'oxygène.

L'une des fonctions du sommeil serait de préparer les conditions énergétiques nécessaires à l'irruption du rêve : diminution de la température centrale (c'est-à-dire diminution de la demande énergétique), diminution de la consommation d'oxygène, et constitution de réserves énergétiques sous la forme de glycogène qui est stocké dans les cellules « nutritives » des neurones, c'est-à-dire les cellules gliales. *Quand, et seulement quand,* un niveau suffisant de réserves énergétiques a été atteint, le rêve peut survenir, et dépenser ces réserves selon des voies métaboliques probablement différentes de l'éveil.

Il apparaît donc que la conscience onirique dépense une quantité d'énergie plus importante que la conscience éveillée. C'est pourquoi toutes les interventions augmentant la demande énergétique cérébrale (hyperthermie, fièvre) ou diminuant l'offre (hypoxie, ischémie) suppriment l'apparition du rêve, mais peuvent augmenter l'éveil ou le sommeil.

L'obligation de renouveler les réserves énergétiques au cours du sommeil à ondes lentes explique, sans doute non exclusivement, que les systèmes responsables de l'activité onirique ne peuvent fonctionner que de façon périodique.

Évolution phylogénétique et ontogénétique du sommeil paradoxal

Puisque nous avons admis, comme hypothèse plausible, que le chat rêvait, pourquoi ne pas chercher à retracer l'évolution du sommeil paradoxal au cours de la phylogenèse et de l'ontogenèse, à la recherche des circonstances de son apparition ?

Le bilan de la phylogenèse peut être résumé ainsi : s'il existe une alternance activité-repos (éveil-sommeil) chez les poissons, les amphibiens et les reptiles, il n'a pas encore été possible de découvrir, au sein du sommeil comportemental, l'existence d'un phénomène périodique identique ou similaire au sommeil paradoxal. Par contre, cet état est facilement reconnaissable chez les oiseaux et les mammifères. Il est donc admis que l'apparition du sommeil paradoxal au cours de l'évolution a coïncidé avec l'apparition de l'homéothermie.

Le passage de la poïkilothermie à l'homéothermie (des ectothermes aux endothermes) s'est accompagné de changements aussi bien au niveau du cerveau (apparition de structures quasi corticales archistriatum chez les oiseaux, et néocortex chez les mammifères), que de l'organisme : augmentation considérable des processus énergétiques permettant le passage du brady-métabolisme au tachy-métabolisme. Un phénomène capital est également survenu au niveau du cerveau. Alors qu'une neurogenèse persiste pendant toute la vie d'un poïkilotherme, celle-ci va disparaître chez les homéothermes [23]. Elle peut persister encore chez certains oiseaux (et pourrait assurer la transmission géné-

23. Windle W.F., *Regeneration in the central nervous system*, C.C. Thomas Springfield, 1955.

tique du répertoire du chant chez les rossignols) [24]. Chez les mammifères, la neurogenèse cesse à la fin de la maturation cérébrale, au cours des premières semaines ou des premiers mois de la vie chez le raton, le chaton ou le nourrisson humain.

L'étude de l'ontogenèse du sommeil paradoxal a révélé l'existence d'une transition progressive, aux limites floues, entre les derniers jours de la neurogenèse et l'apparition du sommeil paradoxal. Les premiers jours post-natals d'un raton ou d'un chaton sont occupés par l'alternance de deux états : un comportement adapté d'éveil au cours duquel l'animal nouveau-né, encore poïkilotherme, recherche instinctivement la chaleur (fourrure maternelle) et de la nourriture (mamelles). Cet état est interrompu par un autre état quasi continuel et sans périodicité évidente, appelé « sommeil sismique » [25]. L'animal est animé de secousses des yeux, des oreilles, des pattes et de la queue. Il existe ainsi une perpétuelle activation des motoneurones. Il ne semble pas que ces secousses aient une origine centrale car les secousses des membres postérieurs peuvent persister après section de la moelle. Il n'existe d'autre part aucun signe électrophysiologique spécifique du sommeil paradoxal (activité PGO par exemple). Enfin, la plupart des drogues ou des lésions capables de supprimer le sommeil paradoxal chez l'adulte sont sans effet sur le sommeil sismique [26]. Il est donc fort probable que le sommeil sismique soit l'expression des mouvements spontanés qui accompagnent la neurogenèse à la fin de la vie embryonnaire [27].

Peu à peu, au fur et à mesure de l'achèvement de

24. Paton J.A. et Nottebohm, F.N., « Neurons generated in the adult brain are recruited into functional circuits », *Science*, 1984, 225 : 1046.
25. Jouvet-Mounier D., Astic L. et Lacote D., « Ontogenesis of the state of sleep in rat, cat and guinea-pig during the first post-natal month », *Develop. Psychobiol.*, 1979, 2 : 216.
26. Adrien J., « Lesion of the anterior raphe nuclei in the newborn kitten and the effects on sleep », *Brain Res.*, 1976, 103 : 579.
27. Corner M.A., « Sleep and the beginnings of behaviour in the animal kingdom. Studies of ultradian motility cycles in early life », *Prog. in Neurobiol.*, 1977, 8 : 279.

l'organisation génétique du système nerveux, le véritable sommeil paradoxal apparaît et remplace le sommeil sismique. Il ressemble de plus en plus à celui de l'adulte et après le vingt et unième jour, tous les signes majeurs sont en place : une franche périodicité s'est installée. Les secousses musculaires disparaissent pour ne laisser place qu'aux mouvements oculaires rapides, qui sont alors commandés par le générateur du tronc cérébral.

L'activation corticale apparaît en même temps que les signaux (activité PGO) endogènes envahissent le cortex visuel. Enfin et surtout, il est possible d'augmenter ou de supprimer le sommeil paradoxal par les mêmes drogues qui le suppriment chez l'adulte.

En résumé, il semble exister un rapport inverse entre la neurogenèse et le sommeil paradoxal aussi bien au cours de la phylogenèse que de l'ontogenèse.

1) Il n'existe pas de sommeil paradoxal chez les poïkilothermes dont la neurogenèse peut assurer la programmation génétique du cerveau pendant toute la vie, selon des mécanismes classiques à partir du DNA (division des neuroblastes).

2) Les épisodes de sommeil paradoxal ont une durée très brève (de l'ordre d'une dizaine de secondes) chez les oiseaux (chez qui peut persister une neurogenèse à l'âge adulte).

3) Le sommeil paradoxal prend peu à peu le relais du sommeil sismique au fur et à mesure de la disparition de la neurogenèse au cours du développement post-natal des mammifères.

La question finale est ainsi posée : le sommeil paradoxal pourrait-il effectuer une programmation génétique itérative chez les espèces dont la neurogenèse cesse à la fin de l'ontogenèse ?

L'hérédité psychologique nécessite-t-elle une programmation itérative génétique ?

La part respective du milieu et de l'hérédité dans la structure de la personnalité est l'un des domaines de la psychologie qui ont donné lieu à des débats les plus animés. Les résultats obtenus par Bouchard [28], sur 30 paires de jumeaux monozygotes adultes *élevés dès leur naissance, ou après quelques jours, dans des milieux complètement différents,* laissent cependant peu de doutes sur l'existence d'une hérédité psychologique (puisque le coefficient d'héritabilité dans le domaine de la personnalité est de 0,6 à 0,7).

Il est évidemment impossible de concevoir qu'au cours de l'ontogenèse, l'organisation synaptique du cerveau de ces jumeaux ait été identique car cette programmation aurait nécessité un nombre de gènes bien supérieur à celui qui existe dans le génome. En admettant même que cela fût possible, la plasticité des neurones, soumis à des environnements différents et donc à des apprentissages différents, devrait avoir modifié cette organisation et donc les réactions comportementales les plus fines qui sont à la base de la personnalité. Si une neurogenèse persistait, on pourrait supposer que la division des neuroblastes, à des étapes prédéterminées, puisse être responsable des similarités de comportements. Mais s'il existe une neurogenèse chez les mammifères, elle est exceptionnelle. On peut alors émettre l'hypothèse qu'une des fonctions du sommeil paradoxal soit de programmer itérativement le cerveau [29]. Cette programmation (qui pourrait être assimilée à un apprentissage

28. Bouchard T.J., « Twins reared together and apart : what they tell us about human diversity », pp. 1147-1178, in « Individuality and determinism », *Chemical and Biological Bases,* Fox, S.W. (ed.), Plenum Press, New York, 1984.

29. Jouvet M., « Programmation génétique itérative et sommeil paradoxal », *Confrontations psychiatriques,* 1986, 27 : 153. Voir aussi note 12.

endogène génétique) renforcerait ou effacerait les traces de l'apprentissage épigénétique survenant au cours de l'éveil...

Selon cette hypothèse, l'activité onirique périodique représenterait la programmation itérative des réactions inconscientes qui sont responsables de la personnalité et des différences interindividuelles de comportement chez des sujets soumis aux mêmes conditions environnementales (voir VIII).

En conclusion

L'esprit (observé à travers la fenêtre du souvenir, lors du réveil d'un sujet endormi ou rêveur) se déguise sous des aspects différents de la conscience. D'une part, l'absence de conscience ou un inconscient sans souvenir (somnambulisme) au cours du sommeil. D'autre part, deux aspects de la conscience réflexive – rêve habituel et rêve lucide – dont la mémorisation est fugace.

Une explication en termes neurobiologiques des différents aspects de l'esprit au cours du sommeil et des rêves, ses ressemblances ou dissemblances avec la conscience éveillée, a été tentée. Si un début de parallélisme psychoneural peut être esquissé au niveau global, le domaine de l'inconnu l'emporte encore beaucoup sur celui du connu.

Il apparaît cependant, que l'une des voies conduisant à l'explication du fonctionnement de l'esprit réside dans l'étude du rêve – puisqu'il existe une corrélation étroite entre les fluctuations énergétiques du cerveau et l'apparition des rêves.

VII
Les fonctions du rêve

La découverte des bases physiologiques de l'activité onirique (1957-1959) entraîne une coupure historique au niveau des théories concernant les fonctions du rêve. La période d'avant 1960 est dominée par la théorie freudienne du rêve et la psychanalyse. Au cours de la deuxième période, après 1960, la neurophysiologie et l'histoire naturelle des rêves essaient de trouver un « pourquoi » à l'activité onirique à partir des innombrables « comment ».

AVANT 1960

1790. Le vocabulaire et le concept d'inconscient sont entrés dans la langue allemande. Lichtenberg (1742-1794) est fasciné par ses propres rêves et conçoit l'idée que les rêves pourraient être « *des réminiscences d'états antérieurs au développement de la conscience individuelle* ». On s'intéresse cependant plus à l'interprétation des rêves et au « comment » plutôt qu'au « pourquoi ».

1886. L'Allemand Robert est le premier à proposer une théorie concernant la fonction du rêve. Il se représente le rêve comme un processus *somatique* d'élimination dont nous ne prenons connaissance qu'en y réagissant. « *Le rêve est l'élimination de pensées étouffées dans l'œuf.* » Un homme à qui on enlèverait la possibilité de rêver deviendrait fou au bout d'un certain temps parce qu'une masse énorme de pensées inachevées, informes, et d'impressions superficielles s'amoncelleraient dans son cerveau et étoufferaient les ensembles bien achevés que la mémoire aurait pu conserver. Ainsi, le rêve jouerait pour le cerveau surchargé « *le rôle de soupape de sûreté* ». Les rêves ont donc un pouvoir de soulagement et de guérison. Pour Robert, l'expulsion des idées sans valeur s'accomplit par un processus somatique. Le rêve n'est pas un processus psychique mais seulement la connaissance de ce processus d'expulsion. Ce processus ne serait pas le seul qui s'effectuerait au cours du rêve puisque Robert y ajoute que certaines impressions de la journée pourraient être élaborées et que « *ce qui parmi les pensées n'a pu être éliminé doit être complété par des emprunts à l'imagination et inséré dans la mémoire sous la forme d'un tableau fantaisiste et inoffensif.*

« *En résumé, Robert définissait le rêve comme un processus somatique de chaque nuit qui apparaîtrait au niveau de l'appareil psychique et qui a pour fonction de préserver celui-ci d'un excès de tension, ou si l'on permet cette métaphore, de purger l'esprit* » (Freud, 1895).

Cent ans plus tard, en 1983, Crick et Mitchison apporteront une « version informatique » de la théorie de Robert sans le citer dans leur bibliographie (voir plus bas).

1890. Santiago Ramon Y Cajal émet l'hypothèse que le cerveau est composé de cellules individuelles, séparées les unes des autres (les neurones), et non pas d'un système réticulaire, tel que Golgi ou d'autres l'avaient cru. Exner, qui fut le professeur de physiologie de Freud, publie en 1894 « *une explication physiologique des événements psy-*

chiques ». Il utilise ses propres expérimentations sur les réflexes pour illustrer le concept de *Bahnung* ou de « frayage de route ». Ainsi, à certaine intensité, un stimulus unique n'entraîne pas de réponse réflexe, mais si deux stimuli se suivent à brève latence, une réponse peut apparaître. Exner alla même jusqu'à postuler que l'inhibition pouvait être un mécanisme actif dépendant de voies nerveuses spécifiques.

C'est à cette époque que Freud écrivit, en 1895, son *Projet* ou son *Esquisse* d'une psychologie scientifique. Trop tôt pour connaître l'existence du potentiel d'action des nerfs, découverte seulement en 1910.

Nous empruntons à l'article fort documenté de MacCarley et Hobson (1977) et à la thèse du docteur Trabach-Valadier (1988) l'analyse des affirmations physiologiques erronées qui ont servi de base à la théorie psychanalytique de Freud et à son modèle des rêves.

1894. Les éléments du modèle de Freud, en opposition avec les concepts actuels : les neurones.

« *Dans la théorie de Freud, les neurones apparaissent structuralement plutôt modernes. Ce sont des cellules distinctes avec des points de contact entre elles et Freud avait un raisonnement assez juste en affirmant qu'un certain type de spécialisation existait au point de jonctions des cellules (ce que nous appelons maintenant synapse). La physiologie de la transmission nerveuse était alors inconnue et les principales idées de Freud, en opposition avec les concepts actuels sur les neurones, peuvent être groupées en quatre catégories* » :

1. Les neurones servant de stockage de l'énergie (concept freudien) face au concept actuel des neurones comme cellules spécialisées qui transmettent l'information.

Freud concevait les neurones comme des réservoirs *passifs* d'énergie capables d'être remplis par des sommes d'énergie plus ou moins grandes, pour lesquelles il employait le terme « quantité nerveuse » ou « Qn ». Cette quantité d'énergie dérivait toujours de source d'énergie de neurones extérieurs.

Dans la conception moderne, les neurones utilisent leur propre source d'énergie métabolique pour maintenir un gradient de potentiel électrique entre l'extérieur et l'intérieur de la membrane cellulaire. Une diminution du potentiel membranaire provoque une « décharge » et une dépolarisation qui se propage à d'autres cellules par la libération de transmetteurs chimiques au niveau des synapses.

Les principes suivants de la théorie électrophysiologique moderne contrastent avec les idées de Freud :
- chaque cellule génère son propre « potentiel de repos »,
- les neurones s'influencent les uns les autres en agissant sur cette polarisation préexistante,
- l'énergie nécessaire entre les neurones pour influencer la polarisation et la fréquence des décharges est très faible.

2. Les neurones comme conduits pour la transmission de l'énergie de l'extérieur vers le cerveau (concept freudien) face au concept actuel des récepteurs sensoriels comme transformateurs d'énergie :

« *Pour Freud, les neurones doivent transporter des quantités variables d'énergie nerveuse.*

« *Dans la conception neurophysiologique actuelle, les récepteurs neuronaux agissent comme transformateurs, c'est-à-dire qu'ils signalent la présence d'énergie (par exemple, lumière, son, chaleur, déformation de la peau) et ils transforment cette énergie sous la forme d'un codage électrique. Le concept principal est que le signal indique la présence d'énergie mais ne conduit pas l'énergie elle-même dans le système nerveux central.* »

3. Les neurones comme récepteurs passifs et donneurs d'énergie (dans la théorie de Freud) face à la théorie actuelle des neurones spontanément actifs.

« *Freud insistait beaucoup sur le concept que les neurones devaient être la source de l'énergie procurée par le milieu extérieur. Il ne postula à aucun moment que les neurones avaient leur propre source d'énergie métabolique ou qu'ils formaient leur propre réseau autorégulateur. Cette affirmation fut d'une importance capitale et l'amena à placer la cause des rêves à l'extérieur du cerveau parce que les sources d'énergie étaient nécessairement extracérébrales. Ainsi, les rêves devaient avoir leur origine dans des excitations somatiques ou provenant du milieu extérieur. Cette affirmation amena Freud, ultérieurement, à la conception d'un cerveau réagissant essentiellement de façon passive, et à un modèle de la psyché qui partageait ses caractéristiques.*

« *On sait maintenant que les rythmes vitaux biologiques tels que la respiration et le sommeil paradoxal sont provoqués par des oscillations neuronales régulières (pacemaker) de source endogène.* »

4. Les neurones comme éléments exclusivement excitateurs (théorie freudienne) face à la théorie moderne des neurones comme éléments inhibiteurs.

Contrairement à Exner, Freud ne fit pas rentrer dans son modèle d'éléments inhibiteurs. Il dut donc faire appel au concept de *déviation* d'énergie et de formation de « voies latérales ». L'énergie en excès pouvait être déviée en se déchargeant en activité motrice. « *En contraste, les concepts modernes de la neurophysiologie soulignent la possibilité d'annulation de l'excitation par inhibition (à travers l'ouverture des canaux ioniques qui hyperpolarisent la membrane). L'idée de Freud d'une déviation de l'excitation (au lieu d'une inhibition) eut une influence importante sur ses positions théoriques ultérieures ; il conçut ainsi l'hypothèse d'impulsions ou de désirs déviés (c'est-à-dire de " désirs refoulés ") comme exerçant continuellement une pression vers la décharge et surgissant souvent dans les rêves.* »

Structure et dynamique du modèle freudien

Du fait de l'absence de neurones inhibiteurs dans son modèle, Freud fut amené à postuler un autre principe de flux d'énergie neuronale, pour lequel il n'y avait pas et il n'y a toujours pas de démonstration expérimentale.

« *La* figure 1 *représente un schéma de Freud concernant la direction normale du flux d'énergie dans une série de neurones. Freud tentait de régler le dilemme de l'absence de neurones inhibiteurs en supposant qu'une charge dans un neurone postsynaptique attirerait Qn vers lui et pourrait ainsi dévier le flux d'énergie de la voie normale. Freud parlait de cette déviation d'énergie en termes d'" inhibition ",*

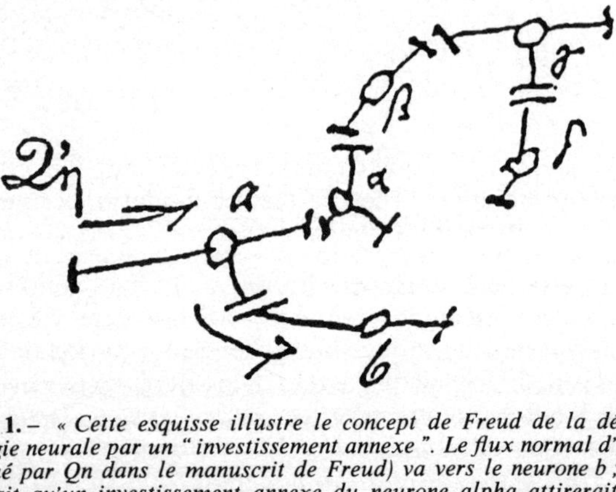

Figure 1. – « *Cette esquisse illustre le concept de Freud de la déviation d'énergie neurale par un " investissement annexe ". Le flux normal d'énergie (indiqué par Qn dans le manuscrit de Freud) va vers le neurone b ; Freud postulait qu'un investissement annexe du neurone alpha attirerait Qn et dévierait le flux du neurone b. Freud croyait que cette attraction postsynaptique d'énergie ou d'investissement annexe, pour laquelle il n'existe aucun support expérimental, était le mécanisme neuronal à la base de la répression.* »

mais son concept était totalement différent du concept moderne d'inhibition et reposait sur des affirmations inexactes du fonctionnement neuronal. La principale conséquence du concept freudien d'" investissements latéraux " (side-cathexis) *est que l'énergie nerveuse peut seulement être déviée, et non annulée, ce qui augmente la vulnérabilité de son modèle du système nerveux à cause d'un surplus d'énergie.* »

« *Freud croyait que les voies annexes d'" inhibition " de cette nature étaient faites par un type spécialisé de neurones du système psi ; il appela ce sous-système l'ego.*

« *Un commentaire final de la dynamique du modèle neuronal du " Projet " concerne l'origine des termes " répression " et " défense primaire ". Freud pensait que les perceptions d'objet, qui s'étaient avérées douloureuses dans le passé, étaient associées à une grande variété d'affects douloureux (c'est-à-dire d'énergie excessive), car les perceptions étaient liées associativement à des " neurones clés " dont les sécrétions stimulaient les sources somatiques de Qn et ainsi étaient désagréables. En fait, la figure 1 représente un tel neurone (dénommé " b ") : " l'inhibition " de la circulation d'énergie vers le neurone clé b est appelée " défense primaire ".* »

A partir de ce modèle neuronal, Freud élabora une théorie dynamique du fonctionnement psychique, dont nous empruntons à Marc Jeannerod l'exposé clair et synthétique qu'il fit dans son ouvrage, le cerveau-machine (1983) :

« *Selon Freud, les neurones obéissent à une fonction primaire, qu'il désigne sous le nom de " principe d'inertie ". Grâce à un mécanisme de " décharge ", un neurone se débarrasse de l'information qu'il reçoit et peut se maintenir en état de non-excitation. Le mouvement réflexe serait ainsi un moyen privilégié pour les neurones de se décharger de l'information. Dans certaines conditions, cependant, " le système neuronique se voit obligé de renoncer à sa tendance originelle à l'inertie (...). Il doit apprendre à supporter une quantité emmagasinée qui suffise à satisfaire les exigences d'un acte spécifique. Suivant la façon dont il le fait, cependant, la même tendance persiste sous la forme modifiée d'un effort pour maintenir la quantité à un niveau aussi bas que possible... "*

« Par opposition à la fonction primaire qui repose sur la notion simple d'un " courant " traversant le neurone, la fonction secondaire de rétention d'une certaine quantité d'information suppose la notion plus complexe de " barrières de contact " s'opposant au passage de ce courant. Certains neurones, les neurones phi, servant à la perception, se laissent aisément traverser sans rien retenir ; d'autres, les neurones psi, sont résistants et rétenteurs de quantité : " De ces derniers dépendent la mémoire et probablement aussi les processus psychiques en général. " Mais la fonction primaire du système reste le motif déterminant du fonctionnement de l'ensemble. Même si, " sous la pression des exigences de la vie, le système neuronique se voit contraint de constituer des réserves de quantité ", il évite d'être rempli par cette quantité, c'est-à-dire d'être " investi " : il établit donc des frayages à travers les barrières de contact pour pouvoir se décharger.

« Sur quoi repose la différence entre le système phi et le système psi ? Assurément pas, selon Freud, sur des critères morphologiques, mais seulement sur la " distance " respective de chaque type de neurone par rapport à la périphérie. Les neurones phi sont en contact avec l'extérieur du corps : ils sont bombardés en permanence par de grandes quantités d'information et doivent avoir pour tâche de décharger ces quantités aussi vite que possible. Les neurones psi (que Freud localise dans la " substance grise du cerveau ") restent au contraire sans contact avec le monde extérieur, ne recevant d'informations que des neurones phi, ou de l'intérieur du corps, en tout état de cause en beaucoup plus faible quantité que les neurones phi. Ils peuvent donc emmagasiner sans risque d'être trop investis. Cette réserve d'énergie qui se constitue dans les neurones psi permet une circulation intrapsychique de quantités d'information,

dont le degré d'accumulation ou de décharge rend compte respectivement des états de désir ou des affects. C'est ainsi que la volonté consisterait, selon Freud, " en une décharge de la quantité psi totale ".

« Les systèmes décrits par Freud puisent évidemment leur énergie à l'extérieur de l'organisme, tout au moins à l'extérieur du cerveau. Une faible partie de cette énergie est en effet censée provenir de sources internes, dérivées de la sensation de faim ou des besoins sexuels par exemple. On notera à cet égard la parenté entre la théorie de Freud et celle de Pavlov, même si tout sépare les deux auteurs lorsqu'on se réfère à leurs conceptions respectives du déterminisme du comportement. Ce sont donc les sensations venues du dehors ou du dedans qui alimentent la machine cérébrale et lui donnent sa raison de fonctionner. »

Le modèle freudien du rêve

Dans le chapitre 7 de *L'Interprétation des rêves,* Freud décrit un modèle psychologique de l'apparcil psychique comparable à celui de la figure 1 du *Projet* : le tableau résume quelques-uns des liens entre les processus du rêve et les mécanismes neuronaux du *Projet.*

« Le modèle psychologique de la figure 2 a le même système de perception que celui du projet (mais ici c'est la lettre P qui est utilisée au lieu du signe phi). L'excitation s'écoule, là aussi, dans un second système connu. Le système psychique de L'interprétation des rêves *inclut trois sous-systèmes :*

- *les éléments mnésiques : les systèmes S1, S2,*
- *l'inconscient (Inc), composé d'éléments psychiques qui sont en contact avec les instincts et ne sont pas ouverts au système conscient (les éléments conscients ne sont pas inclus dans l'ébauche de Freud),*
- *et finalement le préconscient (Préc), composé d'éléments psychiques en étroite relation avec la conscience.*

« Freud n'incluait pas " la censure psychique " dans son schéma, mais il la plaçait entre l'inconscient et le préconscient dans son texte explicatif. La censure psychique agit pour cacher et bloquer les désirs inacceptables à la conscience.

« La ligne directrice de la théorie freudienne du rêve est la suivante : " l'ego " désire dormir (la cause de ce désir n'est pas claire). Il retire son investissement du système moteur, provoquant ainsi la paralysie musculaire. Le processus onirique commence quand quelque événement de l'expérience diurne excite un désir réprimé dans l'inconscient. Ceci entraîne un mouvement dynamique de forces qui tentent de se mouvoir dans la direction habituelle du flux dans le modèle freudien (vers le système préconscient, voir les flèches de la figure 2*). Comme l'accès au désir non déguisé est bloqué par la censure, il y a un mouvement régressif des " courants d'excitation " vers les éléments mnésiques de la psyché (S2 et S1), ces derniers étant,*

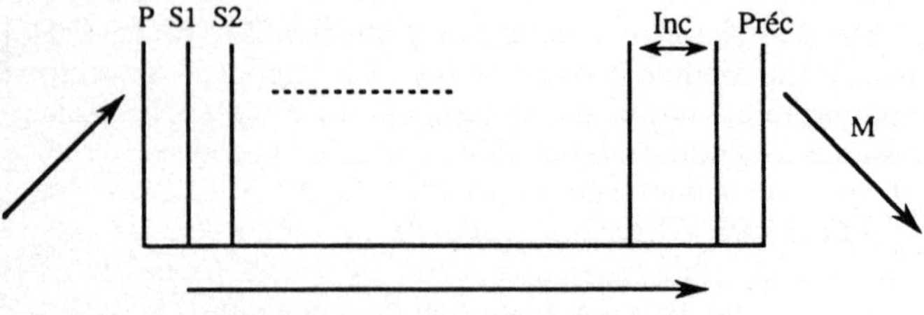

Figure 2. – *Le modèle de Freud de la psyché dans le chapitre 7 de* L'interprétation des rêves

Abréviations
P : système de perception
S1 et S2 : systèmes de la mémoire
Inc : inconscient
Préc : préconscient
M : système moteur

*« Notez l'isomorphisme avec le modèle du projet ou de l'*Esquisse *: la source d'énergie provient de l'extérieur du cerveau, il y a un modèle réflexe du flux normal de l'énergie (de la perception à la motricité, de gauche à droite) et la décharge d'énergie se fait au travers de l'activité motrice. Les deux modèles fournissaient un flux d'énergie répressive (de droite à gauche) quand la décharge était bloquée par la censure psychique. »*

comme dans le modèle du Projet, *proches de l'extrémité sensitive (ou système P) de l'appareil psychique. Alors a lieu le " travail du rêve " de condensation, déplacement et de formation des symboles, avec un déguisement des désirs par la mise en image de ces éléments mnésiques, dont les*

TABLEAU

ISOMORPHISME ENTRE LA THÉORIE DU RÊVE DE FREUD ET SON MODÈLE NEURONAL DU « PROJET »

d'après Hobson et McCarley

Processus onirique	**Processus neuronal**
Paralysie fonctionnelle durant le sommeil.	Retrait de l'investissement de l'ego au niveau de l'appareil moteur.
La « source d'alimentation » du rêve est un désir dérivé des instincts somatiques.	Toute l'énergie neuronale provient de l'extérieur du cerveau ; l'énergie des instincts somatiques ne rencontre pas de barrière protectrice.
Le processus onirique est une réaction à des événements *extérieurs* au SNC, comme la combinaison des résidus diurnes aux désirs instinctifs.	Aucune source autonome d'énergie ou de force régulatrice des neurones cérébraux. Ils sont des réservoirs passifs d'énergie.
Régression d'énergie psychique après que la censure a bloqué l'accès à la conscience.	Le flux d'énergie nerveuse s'écoule vers le pôle perceptif de l'appareil.
Le travail du rêve, les hallucinations du rêve. Le rêve protège le sommeil en déguisant les désirs.	L'investissement des neurones de la mémoire proche du pôle sensoriel de l'appareil provoque les hallucinations. Des voies *(Bahnungen)* entre le désir et les éléments mnésiques reliés au désir fournissent la représentation déguisée du désir.

liens associatifs à ces désirs sont forts. Le désir déguisé devient ainsi acceptable à la censure et est passé de cette façon dans la conscience. »

En résumé, « *Freud croyait que le rêve fonctionnait comme un gardien du sommeil en empêchant l'intrusion de désirs non déguisés et inacceptables dans le système conscient, avec l'éveil consécutif.*

« *Quant au phénomène du rêve, Freud se concentrait sur le langage symbolique employé et centrait son pouvoir d'interprétation sur le fait de dénouer la signification psychique des symboles et des matériaux thématiques du rêve. Il attachait peu d'attention, dans " l'interprétation des rêves " à certaines formes sensorielles, temporelles et d'intensité du rêve, mais il notait que l'intensité psychique ou subjective de l'image du rêve reflétait l'intensité sous-jacente du désir (sa charge) et le nombre d'excitations condensées dans un unique symbole ou désir. Il suggérait que le phénomène subjectif fréquent dans les rêves de petits mouvements ou d'absence de mouvement était relié à la sensation de paralysie de cet état de sommeil. De façon plus importante, Freud affirmait que l'oubli des rêves est " inexplicable à moins que le pouvoir de la censure psychique soit pris en compte ", c'est-à-dire que nous oublions nos rêves du fait de la censure psychique. Freud voyait, dans l'oubli des rêves, le support primordial de sa théorie de la genèse de la " satisfaction déguisée des désirs ".* »

La théorie freudienne du rêve à la lumière de la neurophysiologie du sommeil paradoxal

Ces théories ont une vie de plus en plus brève et il serait injuste, cent ans après, de passer la théorie freudienne du rêve au crible de la neurophysiologie du sommeil paradoxal (telle que nous la concevons actuellement). En manière de conclusion, j'emprunte encore à McCarley et Hobson leur critique à laquelle je souscris totalement. Je n'aurais pas ajouter cette critique s'il n'apparaissait encore, ici ou là, sous la plume de certains psychanalystes, une défense de la théorie freudienne du mécanisme des rêves qui serait « confirmée par la neurophysiologie moderne ».

Freud croyait que l'état de sommeil durant lequel on rêve (le sommeil paradoxal) et le fait de rêver étaient déclenchés et entretenus par la combinaison de résidus diurnes (certains souvenirs du jour) et de l'énergie contenue dans un désir réprimé inconscient. On peut maintenant établir de façon certaine qu'il n'y a aucun support expérimental, quel qu'il soit, en faveur de la théorie de Freud de la genèse du sommeil paradoxal. Les investigations modernes soulignent au contraire l'existence d'une activation autonome, périodique, des neurones du « pacemaker » pontique responsable du sommeil paradoxal.

La propriété de cette activation rythmique des cellules du pacemaker pontique met en évidence d'autres difficultés fondamentales pour le modèle de Freud : en effet, il ne postule, à aucun endroit, des systèmes de neurones automatiquement actifs, ou automatiquement régulés, ou leur contrepartie. La conclusion qui s'impose est que la théorie de Freud doit être abandonnée à cause de l'absence d'activité autonome et de l'absence de régulation et d'énergie endogène du cerveau. Cela ne signifie pas que le matériel du résidu diurne ou des thèmes importants n'entrent pas dans le contenu du rêve ; ils le font, mais aucun d'entre eux n'est un facteur causal dans le processus onirique.

Il n'y a pas besoin de postuler l'existence de la répression de Qn (ou des désirs, si l'on préfère ce terme pour l'énergie neurale) pour provoquer l'état de sommeil paradoxal. L'énergie est déjà dans le cerveau. Il n'y a pas besoin, non plus, pour expliquer le sommeil paradoxal, de postuler l'existence de l'inconscient comme sous-système psychique ou d'une variété de neurones nécessaires pour le stockage de l'énergie des désirs réprimés. Il n'est pas nécessaire non plus de suggérer que le concept de répression soit apparenté à l'activité de contrôle des neurones pontiques responsables de la genèse du sommeil paradoxal. Les mécanismes cellulaires actifs, se déroulant automatiquement dans le pont, sont tout ce qui est nécessaire. De plus, le concept de régression, dans le sens de flux inversé d'énergie neurale, n'est ni nécessaire ni pertinent. Les neurones pontiques exécutifs fonctionnent dans la même direction qu'ils le font durant l'éveil. Ils deviennent seulement 40 fois plus actifs lors du sommeil paradoxal.

Il y a aussi de sérieuses difficultés à considérer dans la théorie de Freud que la force agissante primaire et « le complot » du rêve sont le déguisement d'un désir réprimé. La force agissante au cours du sommeil paradoxal est une activation biologique des cellules du pont et non pas un désir réprimé. Il n'y a aucune preuve, quelle qu'elle soit, que ces mécanismes cellulaires soient provoqués par la faim, le sexe ou un autre instinct, ou par des désirs réprimés pour la réalisation de conduites instinctives. Ainsi, la motivation primaire du langage du rêve et du processus onirique ne peut être déguisée puisque la force première des rêves n'est ni un instinct ni un « désir réprimé en besoin de déguisement ».

APRÈS 1960

Le rêve devient un phénomène physiologique dont on peut enregistrer les aspects électrophysiologiques. Il cesse d'être un phénomène purement subjectif appartenant à l'homme et intéresse, comme Aristote l'avait déjà deviné, une grande partie du règne animal, des oiseaux à (presque) tous les mammifères. Il peut également être décelé *in ovo* et *in utero.* La fonction de « gardien du sommeil » devient difficile à concilier avec celle d'un « état » aussi « profond » que le sommeil le plus profond. Que signifie, d'autre part, la réalisation d'un désir chez un poussin qui sort de l'œuf sinon celui de devenir un coq ou une poule ? Le domaine des fonctions du rêve va donc quitter peu à peu, malgré quelques combats d'arrière-garde, le champ de la psychanalyse pour gagner les laboratoires de neurobiologie. Chaque école, et elles sont nombreuses au début des années 60, va essayer de trouver une fonction à l'activité onirique qui puisse expliquer les mécanismes neurophysiologiques, la phylogenèse, l'ontogenèse et, enfin, l'absence toujours exaspérante, mais souvent oubliée ou cachée, de troubles évidents qui soient entraînés par la suppression du rêve.

Il ne faudrait pas croire, cependant, que le dogme freudien des fonctions du rêve s'écroule brusquement. Il va encore persister triomphant, désenchanté ou déguisé.

Les fonctions du rêve après 1960 selon la psychanalyse

S'il ne reste presque rien du modèle freudien du « comment » de l'activité onirique, il est intéressant de résumer brièvement les conceptions des psychanalystes concernant les fonctions du rêve. On peut classer leurs attitudes selon trois tendances.

Les inconditionnels du modèle freudien

Nous conseillons au lecteur de lire l'article remarquable d'A. Bourguignon « Neurophysiologie du rêve et théorie psychanalytique » (1968). La théorie freudienne y est confrontée avec les mécanismes du sommeil paradoxal. Bourguignon « dissèque » les fonctions du rêve en quatre fonctions principales : de stimulation, de décharge, de substitution et enfin de liaison. Chacune de ces fonctions a une explication psychanalytique et se trouverait également confirmée par la neurophysiologie.

... « *Ces remarquables recherches* [*de la neurophysiologie moderne*] *n'ajoutent ni ne retranchent rien d'important à la psychanalyse qui, en tant que théorie, ne trouve en elles que de nouvelles confirmations. Mais cela n'est pas surprenant pour qui sait que la théorie analytique repose sur des faits bien observés. Le domaine du rêve montre l'avance considérable que la psychanalyse a prise sur les sciences biologiques, à qui elle a, en quelque sorte, ouvert la voie...* »

Les désenchantés du modèle freudien

Il faut citer parmi eux Ch. Fisher. Ce grand physiologiste, devenu psychanalyste, fut le pionnier de l'étude de l'érection au cours des rêves. Il peut être considéré comme l'un des pères fondateurs de la neurobiologie moderne du rêve. Fisher termine ainsi un important article de synthèse paru en 1978 :

... « *Dans les théories les plus récentes, la conception du rêve est devenue quasiment incolore et translucide en comparaison avec la théorie de Freud selon laquelle le rêve serait en rapport avec les désirs infantiles inconscients, réprimés et indestructibles, ou avec les représentations mentales des passions humaines et la force des instincts. Nous devons cependant admettre que, bien que tout cela nous semble très important lorsque nous sommes assis dans un fauteuil derrière le divan* [*de l'analysé*], *les expériences récentes nous prouvent que des sujets humains peuvent rester pendant longtemps en excellente condition malgré l'absence de rêve. Ainsi, le sommeil paradoxal et même le sommeil deviennent de plus en plus mystérieux au fur et à mesure que nous apprenons à les connaître. Peut-être, comme quelqu'un l'a écrit (Dement, 1972) " la fonction du sommeil est de nous empêcher de nous promener dans l'obscurité et de nous heurter contre quelques obstacles* ". »

Les éclectiques ou les contrebandiers du modèle freudien

Le Rêve Sentinelle (Snyder, 1966).

C'est le dernier avatar de la théorie freudienne du rêve « gardien du sommeil ». Mais selon cette théorie, le rêve ne garde pas le sommeil de l'animal contre ses désirs refoulés, mais contre des ennemis éventuels.

Chez tous les mammifères, le sommeil est une période dangereuse (du fait de l'augmentation du seuil d'éveil). Il est cependant interrompu par des périodes de sommeil paradoxal dont l'activité électrique corticale est similaire à celle de l'éveil. Souvent, remarque justement Snyder, les périodes de sommeil paradoxal sont suivies par des éveils fugaces avant que l'animal (ou l'homme) ne s'endorme à nouveau. Ainsi, l'imagerie onirique pourrait représenter une scène effrayante (attaque de prédateurs) qui préparerait l'organisme à faire face à un agresseur (au niveau du système végétatif, mais pas au niveau de la motricité puisqu'il existe une atonie généralisée). Le réveil périodique, qui fait suite aux périodes de rêve, servirait alors à explorer brièvement l'environnement à la recherche de prédateurs éventuels avant de retomber dans le sommeil. C'est « le rêve sentinelle ». Cependant, afin de ne pas se couper complètement du modèle freudien, Snyder insiste à la fin de son article sur le fait que *« dans des conditions de sécurité, les hallucinations oniriques seraient plus gratifiantes qu'effrayantes, rendant ainsi possible une plus grande continuité du sommeil »*. Ainsi, Snyder passe insensiblement, comme avec quelques remords, du rêve sentinelle contre l'ennemi au rêve gardien du sommeil. Bien qu'il ait contribué de façon remarquable à l'étude objective du rêve chez les chimpanzés et l'opossum, Snyder ne peut oublier sa formation de psychanalyste et, *in fine,* rend hommage au père fondateur en citant cet extrait de *L'Interprétation des Rêves* : ... *« A quoi rêvent les oies ? Au maïs. La théorie entière que les rêves sont l'accomplissement d'un désir est contenue dans ces deux phrases... »*

Ainsi, la théorie de Snyder est une étape historique. Elle représente le passage difficile, « en contrebande », de la frontière entre la métapsychologie freudienne et la neurobiologie.

Des travaux ultérieurs ont bien montré qu'il existait une

corrélation entre la quantité de sommeil paradoxal et un facteur de « sécurité » au cours du sommeil. Mais cette corrélation est l'inverse de celle que prévoyait la théorie du « rêve sentinelle ». Plus un animal est en sécurité au cours de son sommeil (qui a jamais attaqué un lion endormi ? ou le furet dans sa tanière ?), plus la quantité de « rêve » est importante. Par contre, les espèces chassées (les herbivores) ne présentent qu'une quantité minime de sommeil paradoxal. Pourquoi la sentinelle du rêve serait alors si souvent prête à réveiller des animaux qui dorment en sécurité ?

Les théories neurobiologiques concernant la fonction des rêves

Sommeil paradoxal, mémoire et oubli

Le sommeil paradoxal joue un rôle dans les processus de mémorisation.

Les expériences suivantes, réalisées chez l'animal par E. Hennevin, P. Leconte et V. Bloch (1977-1979), ont permis de trouver des corrélations, sinon des relations de causalité, entre le sommeil paradoxal et la mémoire. D'une part, la privation de sommeil paradoxal peut entraîner un déficit des apprentissages difficiles, d'autre part, certains apprentissages sont suivis d'une augmentation significative du sommeil paradoxal.

Effets de la privation « instrumentale » de sommeil paradoxal sur l'apprentissage.

Il semble exister, chez le rat, une relation de dépendance entre l'apprentissage et le sommeil paradoxal, selon la nature de la tâche à mémoriser. Si la tâche est simple, la privation consécutive de sommeil paradoxal ne perturbe pas la mémorisation, alors que, si elle est complexe, la privation de sommeil paradoxal en perturbe la rétention.

Selon R. Greenberg et C. Pearlman (1974), les apprentissages qui s'établissent rapidement seraient basés sur des liaisons conditionnelles préprogrammées : ces apprentissages « préparés » ne sont pas sensibles à des privations de sommeil paradoxal ; par contre, les apprentissages qui s'établissent lentement seraient basés sur des liaisons conditionnelles, non programmées, et exigeraient de l'organisme un travail d'intégration de certaines informations inhabituelles et l'élaboration d'une stratégie comportementale nouvelle, adaptée à la situation : ce sont ces apprentissages, « non préparés », qui seraient altérés par la privation de sommeil paradoxal.

Dans la plupart des expériences, une privation de sommeil paradoxal portant sur les deux ou trois heures consécutives à l'apprentissage est suffisante pour perturber la mémorisation. Mais, si on laisse l'animal dormir pendant une heure trente à deux heures après l'apprentissage, avant qu'intervienne la privation de sommeil paradoxal, les processus de mémorisation s'effectuent normalement.

Carlyle Smith introduit, à ce sujet, la notion de « fenêtre de sommeil paradoxal », c'est-à-dire de périodes spéciales de sommeil paradoxal, particulièrement impliquées dans le processus d'acquisition.

Effet d'un apprentissage sur le sommeil paradoxal consécutif.

« *Les périodes de sommeil, consécutives aux séances d'acquisition de tâches très diverses, sont régulièrement modifiées dans leur composition. En effet, le temps passé en sommeil paradoxal s'accroît systématiquement de 30 à 60 % après ces apprentissages.*

« *Lorsque l'apprentissage est maîtrisé, la durée de sommeil paradoxal redevient identique à celle observée lors des enregistrements de référence.*

« *Le phénomène d'augmentation de sommeil paradoxal se manifeste dès la première heure de sommeil, consécutive à l'exercice. Si l'on prive les animaux de sommeil pendant cette première heure qui suit l'acquisition, le phénomène d'augmentation de sommeil paradoxal ne se manifeste plus dans les périodes de sommeil libre consécutives et la rétention de l'apprentissage est gravement altérée. Mais si la privation est introduite seulement après une heure de sommeil, elle est sans effet sur la rétention de l'apprentissage.*

« Ainsi, la présence d'une quantité suffisante de sommeil paradoxal dans la première heure qui suit l'apprentissage serait un facteur déterminant pour la stabilisation de la trace mnésique. »

On revient ici à la notion de « fenêtre de sommeil paradoxal » de Carlyle Smith, dont nous avons parlé précédemment.

Hypothèse concernant la fonction mnésique du sommeil paradoxal.

Selon V. Bloch, E. Dubois-Hennevin et P. Leconte, *« l'existence d'une augmentation de sommeil paradoxal après l'apprentissage soulève un certain nombre d'interrogations. En particulier, on peut se demander si l'augmentation de sommeil paradoxal reflète un processus de traitement de l'information en cours d'élaboration, ou si elle n'est que la conséquence retardée de l'activité d'acquisition elle-même.*

« On sait depuis longtemps que l'information acquise pendant une séance d'apprentissage est traitée par le cerveau immédiatement après cette séance, pendant une période plus ou moins brève, connue sous le nom de " phase de consolidation mnésique ". Cette période doit être, en outre, suivie d'une quantité minimale de sommeil paradoxal pour qu'il y ait mémorisation.

« Ainsi, les processus mnésiques impliqués pendant la période de consolidation et pendant le sommeil paradoxal semblent étroitement liés. Ceci suggère que consolidation

et sommeil paradoxal sont deux étapes critiques du traitement de l'information.

« Tout se passe donc comme si le traitement de l'information, commencé au cours de la veille, était repris au cours du sommeil paradoxal consécutif : la quantité de sommeil paradoxal nécessaire après exercice serait donc fonction de l'importance du traitement mnésique à effectuer. »

L'intéressante théorie de Bloch et ses collaborateurs est discutée dans le dernier article. S'il existe indiscutablement des rapports entre le sommeil paradoxal et l'apprentissage chez l'animal, il faut bien admettre que ces rapports n'ont pu être mis en évidence chez l'homme. L'administration de benzodiazépines, qui perturbe peu le rêve, entraîne des troubles parfois considérables de la mémoire, alors que les inhibiteurs des monoamines oxydases, qui suppriment totalement le rêve, n'entraînent pas de trouble de la mémoire.

Le sommeil paradoxal joue un rôle dans les processus d'oubli ou de désapprentissage (E. Crick et G. Mitchison, 1983).

L'hypothèse de Crick et Mitchison est un avatar moderne, habillé de réseau neuronal et d'informatique, de la théorie de Robert (1886). Cette hypothèse peut être résumée ainsi : le cortex cérébral, dans son immense complexité, constitue un réseau neuronal. Au sein de ce réseau, l'information va être distribuée à un grand nombre de synapses. Un tel réseau peut devenir surchargé s'il doit traiter simultanément des modèles trop différents ou trop vastes. Cette surcharge du réseau devrait donc entraîner des associations « bizarres », ou reproduire toujours le même état d'association (des « obsessions ») ou, enfin, surtout si le réseau possède une « action en retour » fermée sur lui-même, il répondra par des « hallucinations » à des signaux qui devraient normalement n'entraîner aucune réponse. Il faut donc pouvoir éliminer les comportements parasites du réseau.

Le *deus ex machina* capable d'éliminer ces parasites serait le sommeil paradoxal. Le rêve serait alors un processus de nettoyage où le cerveau, fonctionnant en circuit fermé, pourrait se libérer de toutes les modalités parasites en raison de la création de nouveaux circuits d'informations. Ces circuits seraient stimulés de façon stochastique par l'activité dite PGO. Ainsi, la fonction du rêve serait de réaliser un « apprentissage en sens inverse » *(a revearse learning mechanism)* qui modifierait le cortex, par exemple, en altérant la résistance des synapses. Si une synapse a besoin d'être « renforcée » dans le but de se rappeler quelque chose, alors dans le processus d'apprentissage en sens inverse, elle sera « affaiblie ». Crick et Mitchison suggèrent ainsi qu'au cours du sommeil paradoxal, nous désapprenons nos rêves inconscients. « Nous rêvons dans le but d'oublier. » A l'appui de leur thèse, Crick et Mitchison citent les travaux théoriques de J. Hopfield et de son équipe, selon lesquels la stimulation stochastique d'un réseau neuronal *artificiel* permettrait un meilleur accès aux mémoires stockées et supprimerait la plupart de celles qui sont erronées... Ainsi, le désapprentissage pourrait aider l'apprentissage ! Bien sûr, Crick et Mitchison n'ont pas oublié que la suppression prolongée des rêves (par les inhibiteurs des monoamines oxydases) n'entraînait ni hallucinations, ni pensées parasites, ni troubles de la mémoire chez l'homme. Alors, il leur faut bien reconnaître qu'un test direct du mécanisme d'apprentissage en sens inverse paraît extrêmement difficile... : *Il faudrait chercher la structure chimique des substances responsables du désapprentissage... Tant qu'elles n'auront pas été isolées, notre théorie, concluent-ils, doit être considérée comme spéculative.*

La machine endogène du rêve : ses fonctions de stimulation ou de programmation.

Sommeil paradoxal et ontogenèse. Hypothèse sur les fonctions du sommeil paradoxal dans le développement ontogénétique (H. Roffwarg, J.N. Muzio et W.C. Dement, 1966).

Entre 1960 et 1966, l'ontogenèse du cycle éveil-sommeil a fourni une moisson de données surprenantes. Plus le cerveau est immature à la naissance, plus le sommeil paradoxal (ou sismique) est important, puisqu'il peut constituer 80 % du sommeil d'un chaton ou d'un raton et 60 % du sommeil d'un nourrisson. Roffwarg, Muzio et Dement s'interrogent alors sur la signification de cette prédominance du sommeil paradoxal après la naissance :

– ou bien il s'agirait d'un mécanisme passif dû à l'absence de contrôle du cortex cérébral immature sur les systèmes responsables du sommeil paradoxal,

– ou bien il s'agit d'un mécanisme actif : le sommeil paradoxal jouerait un rôle capital dans la maturation du système nerveux central au cours de la vie fœtale, néonatale et pendant la période plus tardive de maturation.

La première hypothèse est abandonnée. En effet, la décortication (pathologique chez l'homme, ou expérimentale chez l'animal) ne provoque pas d'augmentation du sommeil paradoxal. Il faut donc considérer que la deuxième hypothèse est la plus vraisemblable et chercher la fonction du sommeil paradoxal dans le développement du système nerveux central.

Ainsi, le sommeil paradoxal fournirait une stimulation intense, d'origine endogène, au moment où l'organisme est dépourvu d'excitations exogènes. Les décharges issues du pacemaker ponto-bulbaire pourraient ainsi contribuer au développement et à la myélinisation des centres supérieurs thalamo-corticaux. Cette stimulation pourrait « anticiper » ou « préparer » le cerveau à réagir de façon adaptée aux futures stimulations sensorielles.

Il faut alors expliquer la persistance du sommeil paradoxal chez l'adulte (avec l'idée que celui-ci soit important puisqu'il peut exister un rebond de sommeil paradoxal qui fait suite à sa suppression).

... Si le rôle du sommeil paradoxal est d'apporter une stimulation fonctionnelle suffisante au niveau du cortex pendant l'enfance, alors il garderait cette fonction pendant toute la vie. Un système physiologique qui reste actif pendant la vie continue probablement à remplir une fonction physiologique aussi bien que d'autres fonctions (en particulier une fonction psychologique nécessaire chez l'adulte)...

Le sommeil sismique est-il du sommeil paradoxal ? (voir VII).

Y a-t-il une frontière entre le sommeil sismique du fœtus, du raton et du chaton, et le sommeil paradoxal qui va apparaître quelques semaines après la naissance avec toutes les caractéristiques de l'adulte ? S'agit-il du même processus ?

Dans un article écrit en 1984, J. Adrien propose un nouveau concept très important.

Chez les espèces précoces « le principal critère d'identification du sommeil agité (ou sismique) est représenté par les secousses musculaires sur fond d'hypotonie, activité qui ressemble aux phénomènes phasiques observés lors du sommeil paradoxal, mais qui ne paraît pas posséder la même origine... Ces secousses du sommeil sismique seraient le reflet de la propriété " intrinsèque " de chaque élément moteur de s'activer de façon brutale et sans coordination centrale ».

Progressivement, avec la maturation des circuits neuronaux, se développerait un système de contrôle supraspinal de tous ces éléments. L'activité sismique serait alors remplacée par une véritable activité « phasique » caractéristique du sommeil paradoxal, prenant son origine dans un « générateur pontique » situé au niveau du tronc cérébral.

On a souvent considéré que le sommeil sismique était une forme archaïque du sommeil paradoxal, ou que le sommeil paradoxal de l'adulte était en quelque sorte la résurgence périodique d'une activité primitive. En réalité, il semblerait plutôt que ces deux comportements soient distincts, qu'ils possèdent des caractéristiques différentes, et qu'ils soient soumis à des régulations différentes.

Dans le développement, le sommeil paradoxal remplace progressivement l'état sismique, au fur et à mesure de la maturation des réseaux de neurones qui contrôle son déclenchement et son maintien. On peut ainsi proposer la figure 3 *pour rendre compte de la continuité comportementale observée (surtout au niveau de l'activité phasique motrice) dans le cas du sommeil sismique-paradoxal au cours de l'ontogenèse.*

L'hypothèse de programmation du sommeil paradoxal (E.M. Dewan, 1969).

E.M. Dewan est un informaticien et s'inspire des processus de programmation des ordinateurs pour expliquer son modèle de programmation dans le cerveau. Dans les ordinateurs, on peut utiliser deux méthodes pour mettre en place un programme : ou bien on met en relation sur un support des composants divers, que l'on veut faire rentrer ou sortir d'un tableau de données ; ou bien on rentre des instructions sous forme de nombres codés dans la mémoire de l'ordinateur. Ces instructions sont alors organisées en séquence.

Il existe deux possibilités pour changer le programme :

– soit remplacer les instructions dans le dispositif de mémoire,

– soit disposer d'une structure fonctionnelle modifiable avec parfois reprogrammation automatique.

E.M. Dewan opte pour la deuxième hypothèse au niveau

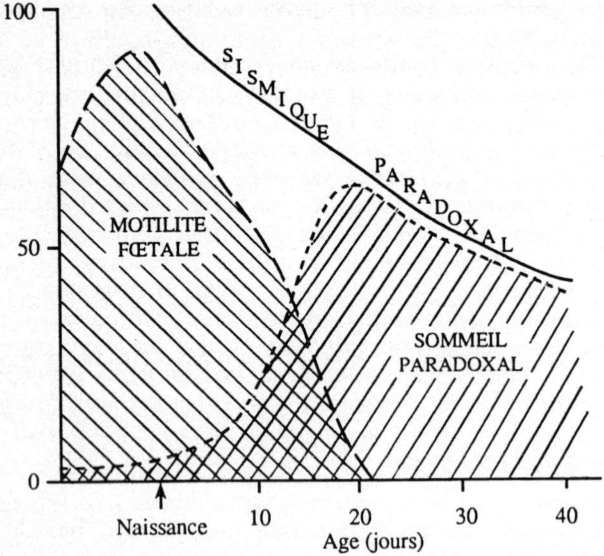

Figure 3. – *Représentation schématique des mécanismes sous-jacents à la régulation des états de vigilance au cours du développement. La courbe continue est extraite des données expérimentales obtenues chez le chaton. En pointillés sont représentés les mécanismes de régulation possibles, et la somme des deux courbes reproduit la courbe expérimentale. Le comportement sismique initial, d'essence embryonnaire, serait pris en relais par un véritable sommeil paradoxal lorsqu'une maturation suffisante des structures du tronc cérébral contrôlant sa régulation aurait été réalisée. Le remplacement progressif d'un mécanisme par l'autre expliquerait la continuité observée au niveau comportemental.* (In Adrien, 1984.)

du cerveau : la structure fonctionnelle de celui-ci serait modifiable selon un processus d'autoreprogrammation automatique et spontané.

Selon Dewan, le sommeil paradoxal serait à la fois nécessaire et suffisant pour la programmation. Il passe ensuite en revue les aspects de cette programmation :

– Celle-ci devrait créer la programmation initiale du

cerveau embryonnaire, établir de nouveaux circuits fonctionnels lorsque les neurones meurent avec l'âge et ne peuvent plus être remplacés (soit 1 000 à 10 000 par jour) et, enfin, établir de nouveaux circuits fonctionnels après une lésion cérébrale.

– La programmation devrait également jouer un rôle dans les processus de mémorisation. Comme dans un ordinateur, certaines mémoires pourraient être enfermées dans des systèmes de mémoire lente si le matériel est moins fréquemment utilisé. Dans d'autres cas, un autre système plus rapide serait disponible. Ainsi, l'accessibilité à l'information serait plus fonctionnelle.

– L'émotion pourrait jouer un rôle supplémentaire dans la programmation. Elle serait alors utilisée pour fixer ou enregistrer les mémoires et les programmes dans un but de consolidation. Ainsi, « *durant le processus de programmation, toutes les mémoires, les programmes qui relèvent d'un besoin important, seraient placées ensemble selon le principe de l'étiquetage. Ce principe serait analogue à la technique de certains ordinateurs, connue sous le nom de "mémoire associative" dans laquelle le numéro-adresse de chaque localisation-mémoire inclut une étiquette numérique codée, pour identifier le type d'information qui y est stocké* ».

Dewan termine son article en proposant quelques conséquences cliniques de la défaillance du système de programmation (qui pourrait tomber en panne comme dans les ordinateurs).

Il suppose que la schizophrénie, la psychose maniacodépressive et la dyslexie pourraient s'expliquer par un blocage du système de programmation, mais ne propose pas d'explication à l'absence de troubles entraînés par la privation durable de rêve chez l'homme.

– *La théorie de la programmation génétique itérative* que je propose dans l'article suivant a été construite à partir des données les plus récentes de la neurobiologie du sommeil paradoxal et des éléments des théories de Roffwarg, Muzio, Dement, J. Adrien et Dewan.

Cette théorie ne dévoile pas entièrement le mystère des fonctions de l'activité onirique et apparaîtra sans doute bientôt aussi erronée que toutes celles qui dorment dans le cimetière des théories du rêve. Elle ne fait que traduire l'immense curiosité d'un cerveau éveillé pour ce qui le rêve.

VIII

Le sommeil paradoxal est-il le gardien de l'individuation psychologique ? *

La génétique est devenue la science du polymorphisme et donc de l'individualité. Elle commence à s'intéresser au cerveau. Les différences de comportement ou de capacités d'apprentissage chez des souches consanguines de souris sont bien connues (Bovet et al., 1969). Il semble exister cependant une certaine résistance dans quelques milieux scientifiques (Lewontin et al., 1984) pour admettre l'intervention d'une contribution génétique qui puisse expliquer les différences psychologiques dans l'espèce humaine. Bien sûr, l'individuation psychologique relève de deux sources inextricablement mêlées et difficiles à distinguer sur le plan biologique et expérimental : la source génétique et la source épigénétique.

L'une des meilleures méthodes permettant de mesurer l'impact de la source génétique est l'étude des jumeaux homozygotes ou hétérozygotes, soit élevés ensemble, soit séparés très tôt après la naissance et élevés dans des milieux différents. La rareté de telles observations explique pour-

* Paru dans le *Canadian Journal of Psychology,* 1991, vol. 4.2, 148-168.

quoi il n'y a eu que relativement peu de publications sur ce sujet (Helden, 1980 ; Bouchard, 1984). Cependant, une étude récente, résumant un travail considérable, vient de paraître (Bouchard et al., 1990). Depuis 1979, l'étude de 100 paires de jumeaux monozygotes et hétérozygotes, soit séparés à la naissance et élevés séparément, soit élevés ensemble, a été effectuée. Ces jumeaux ont été soumis pendant une semaine, à l'Université du Minnesota, à des tests psychologiques et physiologiques. Les résultats ont révélé que 70 % environ de la variance du quotient intellectuel étaient sous la dépendance de facteurs génétiques. Les tests de la personnalité, du tempérament, des habitudes au cours du travail, des loisirs et des attitudes sociales, ont mis en évidence une très grande similarité entre les jumeaux monozygotes élevés séparément et ceux qui étaient élevés ensemble.

L'exemple suivant, que nous empruntons à Bouchard (Helden, 1980 ; Bouchard, 1984), permet d'illustrer, sans doute sur deux cas exceptionnels, le sujet de notre exposé, c'est-à-dire le déterminisme génétique de l'individuation psychologique. Les jumeaux Jim furent élevés dès leur première enfance dans des familles différentes du Middle West américain. Ils ne se rencontrèrent que trente-neuf ans plus tard, à l'Université du Minnesota où ils furent étudiés par Bouchard. Il apparaît normal que leur histoire somatique ou pathologique fût similaire. Ils avaient chacun des hémorroïdes. Leur fréquence cardiaque, leur tension artérielle, leur électroencéphalogramme et l'allure de leurs tracés polygraphiques de sommeil étaient identiques. Ils avaient engraissé inexplicablement de cinq kilos à la même époque et souffraient de migraines depuis l'âge de dix-huit ans. Plus surprenante, sans doute, est l'histoire de leurs vies affectives car elles semblent avoir emprunté le même chemin. Ils divorcèrent chacun d'une première femme, appelée Linda, et se remarièrent chacun avec une femme appelée Betty. Ils avaient baptisé chacun leur chien Toy et leur fils James Allan et James Alan respectivement. Ils occupaient tous deux leurs loisirs par de la menuiserie et ils rongeaient chacun leurs ongles.

Nul ne s'étonne de la ressemblance physique des jumeaux ou de traits physiques caractéristiques dans certaines familles royales. Le nez des Bourbons est célèbre. Les programmes du DNA et la division des cellules épithéliales permettent de l'expliquer. Il en est, sans doute, ainsi de l'histoire pathologique des jumeaux puisqu'ils possédaient le même capital d'enzymes et d'erreurs de métabolisme.

Mais comment expliquer l'hérédité psychologique, celle qui est responsable des réactions idiosyncrasiques identiques de jumeaux soumis à des environnements différents pendant toute leur vie ? Si les cellules nerveuses continuaient à se diviser comme la quasi-totalité des cellules de l'organisme, on pourrait supposer que le programme contenu dans le DNA puisse préserver et transmettre chez chaque jumeau, grâce à une neurogenèse continue, un patrimoine héréditaire psychologique identique. Cependant, les neurones du système nerveux central ne se divisent pas, à quelques exceptions près (voir plus loin). Le mécanisme responsable du nez des Bourbons est donc absent au niveau des neurones. Faut-il alors admettre que le programme génétique mis en jeu au cours de l'ontogenèse pendant le développement pré- et post-natal soit responsable, *une fois pour toutes,* des innombrables et subtiles connexions interneurales qui seront, toute une vie, responsables de tel ou tel trait de caractère. Cette hypothèse est improbable. D'une part, la programmation génétique des milliers de milliards de connexions synaptiques nécessiterait un nombre de gènes bien supérieur à celui qui existe dans le génome. D'autre part, les influences de l'environnement finiraient par altérer définitivement ces connexions. Les neurones sont en effet doués d'une extraordinaire plasticité. Ainsi, pendant la période fœtale, l'exposition à certaines drogues ou hormones peut modifier le comportement pendant la vie entière chez le rat (Campbell et Zimmermann, 1982). L'élevage de souris dans l'obscurité peut altérer définitivement l'architectonie de la couche externe du cortex visuel et la suture des paupières d'un œil chez le chaton provoque une déconnexion des afférences visuelles vers le cortex occipital (voir revue *in* Horn et al., 1973). La liste des modifications anatomiques et biochimiques cérébrales, entraînées par l'environnement interne ou externe, s'allonge chaque jour et il est devenu évident que les connexions interneurales peuvent être modifiées par l'expérience. Comment expliquer alors la conservation de certains traits invariants de la personnalité chez des jumeaux soumis depuis la naissance et pendant plusieurs dizaines d'années à un environnement et à des expériences différentes qui se sont imprimés sur leur système nerveux en y laissant des modifications différentes ? L'apprentissage nécessite la répétition prolongée des stimuli épigénétiques afin d'établir les bases morphologiques et biochimiques de nouvelles connexions. Pourquoi ne pas concevoir alors que certains programmes génétiques ne puissent être renforcés périodiquement *(programmation itérative)* afin d'établir et de maintenir fonctionnels les circuits synaptiques responsables de l'hérédité psychologique ? Ce mécanisme pourrait ainsi interagir avec l'environnement en *rétablissant* certains circuits qui auraient pu être altérés par les événements épigénétiques ou, au contraire, en en *supprimant* d'autres.

La réponse à cette question n'est évidemment pas facile à obtenir chez l'homme. La génétique du comportement (chez des souris de souches consanguines) permettrait peut-être un début de réponse. On sait que la variance (σ) des différences interindividuelles, ou phénotypiques (P), de comportement peut théoriquement s'exprimer de la façon suivante : $\sigma P^2 = \sigma G^2 + \sigma E^2 + \sigma I^2$. G représente l'hérédité, E l'environnement et I leur interaction (Hirsch, 1962). Si une programmation génétique itérative (G′) existe, la formule devient alors $\sigma P^2 = \sigma G^2 + \sigma G'^2 + \sigma E^2 + \sigma I^2$. Si l'on a affaire à une population génétique hétérogène, la suppression de G′ chez un individu risque d'être impossible à vérifier puisque le concept d'individu moyen *(average individual)* est un mythe. Pour cette raison, il devrait être plus facile d'apprécier les effets de G′ chez différentes souches génétiquement pures. Dans ce cas la suppression de G′ devrait diminuer la variance phénotypique de comportement qui existe entre les deux populations.

Dans les paragraphes suivants nous résumerons les faits expérimentaux qui sont en faveur de l'hypothèse qu'une programmation génétique cérébrale survient au cours du sommeil paradoxal (SP). Pour faciliter cet exposé, un modèle théorique de programmation génétique du cerveau sera d'abord résumé. Ce modèle suppose une organisation synchronique (les modalités d'organisation interne des mécanismes). Il suppose également une organisation diachronique : les modalités d'organisation temporelle de cette programmation en relation avec l'histoire de l'individu, c'est-à-dire avec les événements épigénétiques.

La théorie que nous résumons dans cet article est construite à partir d'hypothèses déjà publiées (Jouvet, 1978-1980-1986). Elle a été aussi élaborée grâce aux critiques de Debru (1990).

LES MODALITÉS THÉORIQUES D'UNE PROGRAMMATION GÉNÉTIQUE DU SYSTÈME NERVEUX CENTRAL

Modalités synchroniques

La neurogenèse

Il est évident qu'*au cours de l'ontogenèse,* la neurogenèse, en contribuant à l'organisation génétiquement programmée du système nerveux central, est la gardienne de l'individuation. Ainsi, une neurogenèse qui persisterait au cours de la vie adulte pourrait continuer à assurer cette fonction.

Chez les poissons, amphibiens et reptiles (poïkilothermes ou ectothermes), il existe une croissance continue du cerveau pendant toute la vie. Celle-ci est assurée par une neurogenèse continuelle au cours de la vie post-natale (voir revue in Holder and Clarke, 1988). Ainsi, chez les poissons, il peut exister un remplacement continuel de certaines cellules olfactives dont les axones vont rejoindre les neurones centraux. Cette neurogenèse contribue à garder l'information de l'*imprinting* pendant toute une vie en permettant le *homing* du saumon (Hasler and Scholz, 1983). Chez les amphibiens, une neurogenèse continuelle peut exister également au niveau du système rétinotectal. Chez les reptiles (lézards), une neurogenèse post-natale a également été démontrée au niveau du cortex cérébral (Lopez-Garcia et al., 1988). Il semble exister enfin une corrélation entre l'existence d'une neurogenèse continuelle et la faculté de régénérescence du système nerveux puisque la moelle épinière caudale peut entièrement être reconstituée à partir de cellules periépendymaires chez les amniotes (Holder and Clarke, 1988).

L'apparition de l'homéothermie, en permettant une liberté plus grande par rapport aux conditions thermiques de l'environnement, s'est accompagnée d'une diminution considérable des capacités de neurogenèse post-natale.

Les oiseaux semblent représenter une étape transitionnelle : le cerveau des oiseaux possède en effet des similarités importantes avec celui des poissons, amphibiens et reptiles (voir revue *in* Konishi et al., 1989). De nouveaux neurones peuvent apparaître au niveau du cerveau antérieur des oiseaux adultes. Ils effectuent une migration depuis leur lieu de naissance juxtraventriculaire jusqu'à leur destination en glissant sur la piste des cellules gliales radiées (comme chez les ectothermes). Dans certains cas, ces nouveaux neurones peuvent être incorporés dans des circuits fonctionnels, par exemple le système responsable du chant chez le canari ou le pinson (Zebra Finch) (Nordeen and Nordeen, 1990 ; Paton and Nottebohm, 1984). Il semble que ces processus de neurogenèse adulte apparaissent de façon saisonnière en relation avec les stéroïdes sexuels. Ainsi, il peut exister chez les oiseaux des possibilités de neurogenèse adulte qui pourraient contribuer à entretenir une programmation génétique.

Par contre, ces phénomènes n'existent pas chez les mammifères chez qui toute neurogenèse disparaît rapidement au cours du mois qui suit la naissance. Au lieu d'une neurogenèse, c'est au contraire une régression qui apparaît avec la mort des périkaryas et la rétraction des axones au cours de la vie adulte. Cet aspect régressif s'accompagne également d'une diminution considérable des capacités de régénérescence des neurones centraux (voir revue in Oppenheim, 1985). Seuls les neurones olfactifs sont continuellement remplacés au cours de toute la vie (voir références *in* Farbman, 1990). Les pistes des cellules gliales radiées qui assurent la migration des neurones au cours de l'ontogenèse disparaissent également chez les mammifères.

En conclusion, une conservation de l'individuation génétique par neurogenèse permanente chez l'adulte semble probable chez les ectothermes (poissons, amphibiens et reptiles). Elle est également possible, mais saisonnière, chez certains oiseaux adultes. Elle est totalement impossible chez les mammifères après la période post-natale. Il faut donc supposer qu'un nouveau mode de programmation génétique est apparu avec l'homéothermie.

La programmation itérative

La programmation des circuits responsables de l'idiosyncrasie héréditaire ne nécessite pas, en effet, l'apparition de nouveaux neurones par neurogenèse. Les périkaryas contiennent le DNA nécessaire à la synthèse de molécules qui sont incorporées dans les membranes comme récepteurs. On peut ainsi émettre l'hypothèse que certains types de neurones, qui apparaissent tardivement au cours de l'ontogenèse (comme les neurones Golgi de type II de Jacobson, 1970), puissent synthétiser continuellement des récepteurs. Ces récepteurs labiles ne deviendraient fonctionnels que s'ils étaient excités (stabilisés) par des excitations endogènes. Il faut alors présumer qu'il existe un *générateur endogène* qui soit responsable de la validation de ces récepteurs selon le même mécanisme utilisé par les stimuli épigénétiques pour maintenir fonctionnelle la voie visuelle par exemple. Il n'est pas besoin d'admettre la nécessité d'un codage temporel d'influx à partir du générateur pour « instruire » l'entretien et la validation des systèmes responsables des réactions idiosyncrasiques héréditaires (*Hypothèse instructive,* Jouvet, 1978). Selon une hypothèse sélective plus simple (Jouvet, 1980-1986), l'information de la programmation héréditaire dépendrait alors seulement de la sélection des neurones qui sont, ou ne sont pas, excités par une programmation endogène dont le codage peut être stochastique. D'après cette hypothèse sélective, un nombre limité de gènes pourrait contribuer à la programmation de l'hérédité psychologique en induisant à la fois la synthèse des récepteurs et l'arrivée des terminales présynaptiques issues du générateur au niveau de différents groupes d'interneurones (voir figure 1).

Les mécanismes et les conditions théoriques d'une programmation génétique itérative

Le générateur endogène doit pouvoir à la fois agir au niveau des systèmes perceptifs et des systèmes moteurs corticaux et sous-corticaux. Dans le premier cas, il pourrait être responsable de l'induction de perceptions sans objet ou d'hallucinations. Dans le deuxième cas, il doit induire la maintenance ou la facilitation des programmes de comportement responsables des réactions idiosynchrasiques individuelles ou éventuellement supprimer ou altérer certains programmes moteurs acquis au cours de l'apprentissage. Il apparaît donc nécessaire que l'excitation programmée puisse agir jusqu'au niveau des motoneurones pontobulbaires ou médullaires.

Les motoneurones étant soumis à l'influence d'une pro-

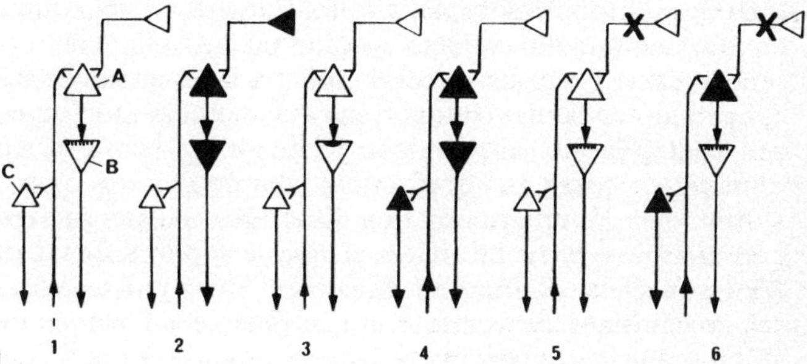

Figure 1. – *Modèle théorique de programmation génétique itérative au cours du sommeil paradoxal.*

1) Un neurone B (Golgi type II) vient de synthétiser un récepteur qui est incorporé dans la membrane sous forme labile (hachures verticales). 2) Au cours du SP, *le système* PGO *(en haut à droite) stimule l'interneurone A, ce qui va exciter et « stabiliser » le récepteur du neurone B et le rendre fonctionnel (comportement onirique). 3) Ce récepteur demeure fonctionnel pendant l'éveil qui fait suite au* SP. *4) Aussi longtemps que le récepteur est fonctionnel, les stimuli de l'environnement (flèche ascendante) peuvent activer à la fois des réponses non spécifiques d'éveil (système C) et la réponse idiosyncrasique génétiquement programmée à partir de B. Si le* SP *est supprimé (5) Et qu'il n'existe plus d'activité* PGO, *le récepteur reste labile, non fonctionnel, et le neurone B n'est plus activé. 6) Dans ce cas, le stimulus épigénétique ne sera plus capable d'entraîner de réponses idiosyncrasiques, mais seulement une réponse non spécifique. Le chloramphénicol pourrait inhiber la synthèse du récepteur B et ainsi découpler l'activité* PGO *des réponses unitaires du neurone B et de son expression motrice dans le comportement onirique (voir détail dans le texte) (d'après Jouvet, 1980).*

grammation endogène, deux conséquences devraient en découler :

– Il devrait être possible, dans certaines conditions, de distinguer une composante génétique dans les *patterns* d'activité des motoneurones qui sont directement, ou indirectement, sous le contrôle du générateur au cours de la programmation. Cette composante génétique traduirait la mise en jeu de différents groupes d'interneurones en réponse aux excitations stochastiques délivrées par le « générateur » endogène.

– Il devrait également exister certains mécanismes

capables de supprimer l'activité musculaire au cours de la programmation du système moteur ou des systèmes perceptifs sinon l'organisme serait soumis à de possibles hallucinations ou à des comportements moteurs stéréotypés non contrôlés qui risqueraient d'être dangereux s'ils survenaient au cours de l'éveil ou du sommeil.

Afin que la programmation génétique puisse survenir sans trop de « bruit de fond » et que le rapport signal sur bruit soit élevé, il faudrait également qu'il puisse exister des mécanismes de contrôle qui inhiberaient l'arrivée des influx sensoriels extérieurs ou internes. Ainsi, les processus d'intégration seraient facilités au niveau des systèmes programmés (comme cela se produit au cours de l'attention dans la vie éveillée).

Enfin, étant donné qu'au moment de la programmation génétique le cerveau ne peut recevoir et répondre aux stimuli extérieurs (et probablement à certains signaux internes), du fait de l'inhibition des afférences intéro- et extéroceptives et du blocage de l'activité musculaire, il devrait exister un mécanisme de *protection* qui permettrait à ce processus de ne survenir que lorsque l'organisme n'est plus soumis à des stimuli potentiellement dangereux, c'est-à-dire à un moment où les mécanismes d'éveil ne sont plus mis en jeu, *c'est-à-dire au cours du sommeil.*

Modalités diachroniques de la programmation itérative

La programmation génétique est évidemment prédominante au cours de l'ontogenèse, c'est-à-dire pendant la période d'organisation du système nerveux central par neurogenèse *in utero* ou *in ovo.* Ensuite, la durée de la programmation ne peut que diminuer car elle ne peut survenir qu'au cours du sommeil. On peut donc supposer que chez l'adulte il puisse exister un rapport entre la durée de la programmation et celle du sommeil.

On doit supposer que la programmation du système

nerveux central nécessite et utilise une grande quantité d'énergie, au moins égale à celle qui est utilisée pendant l'éveil au cours de l'apprentissage. Des réserves énergétiques sont accumulées au cours du sommeil sous la forme d'une glycogénogenèse (Karnovsky et al., 1983). Ces réserves pourraient procurer l'énergie nécessaire à la programmation. La meilleure solution serait alors de concevoir un fonctionnement périodique : chaque épisode de programmation serait suivie d'une période de renouvellement de réserve au cours du sommeil. Ainsi, la programmation itérative pourrait s'effectuer selon un *mode périodique.*

Afin d'être « efficace », la programmation génétique périodique doit être en relation avec les stimuli épigénétiques qui ont excité le système nerveux central au cours de l'éveil précédent. C'est-à-dire qu'il devrait exister des mécanismes pouvant adapter la durée de la programmation à la quantité de stimuli, soit extérieurs, soit intérieurs (hormonaux), qui pourraient avoir induit des modifications épigénétiques au niveau des systèmes dépendant des synapses cibles de la programmation.

Cependant, la programmation génétique de la personnalité est aveugle sur le plan du destin de l'individu. Elle est *la loi* et n'a pas de raison de faciliter la trace de tous les événements qui ont excité le cerveau. Dans certains cas, sans doute, la programmation pourrait faciliter l'acquisition d'un apprentissage si celui-ci renforce certains traits idiosyncrasiques de la personnalité. Dans d'autres cas, elle devrait n'avoir aucun effet ou même pourrait inhiber ou effacer certains circuits synaptiques épigénétiquement acquis si ceux-ci s'opposent à la typologie. Ce concept d'effacement de certains circuits corticaux au cours du SP (Jouvet, 1980) a été particulièrement développé par Crick et Mitchinson (1983). Selon ces auteurs, la fonction du SP serait surtout de supprimer certaines modalités indésirables d'interaction au niveau du cortex. Ce processus, appelé *reverse learning,* pourrait surtout servir à oublier : « *We dream in order to forget.* » Ainsi, la suppression de la programmation génétique devrait soit supprimer, soit faciliter, ou n'avoir aucune action sur l'apprentissage. Par contre, on doit s'attendre à ce que cette suppression puisse altérer l'expression des comportements idiosynchrasiques et ainsi diminuer la variance phénotypique entre individus appartenant à des souches génétiques différentes au sein de la même espèce.

LES MÉCANISMES DU SOMMEIL PARADOXAL SONT-ILS ADAPTÉS À LA PROGRAMMATION DE L'INDIVIDUATION DU SYSTÈME NERVEUX CENTRAL ?

Modalités synchroniques : le système de programmation

Système ponto-géniculo-occipital (PGO)

Les données expérimentales qui ont été recueillies depuis trente ans chez le chat ont permis d'arriver au concept d'un système ponto-géniculo-occipital (PGO) dans lequel on peut recueillir au cours du SP des ondes lentes de haut voltage appelées activité PGO. L'organisation de ce système peut être résumée ainsi (voir revue *in* Sakai, 1980-1985 ; Steriade et McCarley, 1990).

L'activité PGO dépend d'un groupe de neurones situés dans la partie dorso-latérale de la formation réticulée pontique. Il existe ainsi deux « générateurs » bilatéraux et symétriques que l'on peut diviser en deux subsystèmes : le premier, en relation avec la partie rostrale du cerveau, serait situé dans la région du noyau parabrachialis lateralis et son extension rostrale en avant du brachium conjunctivum. Le second, dans la région du noyau de Kolliker-Fuse, serait responsable des mouvements des yeux au cours du SP.

Les générateurs, probablement cholinergiques, de l'activité PGO ressemblent beaucoup à des pacemaker automatiques car l'activité PGO peut encore être enregistrée de façon *périodique* au niveau du pont chez une préparation pontique chronique (Jouvet, 1962) ou même chez la préparation « pont isolé » (Matsuzaki, 1969).

Le système qui conduit l'information PGO depuis le pont jusqu'au noyau genouillé latéral et aux différentes aires corticales a été délimité : à partir de chaque générateur monte une voie ipsilatérale qui se termine soit au niveau du noyau géniculé latéral (en excitant des récepteurs nicotiniques), soit sur le cortex visuel. Cette voie croise la ligne médiane au niveau de la commissure suprachiasmatique pour gagner le noyau géniculé controlatéral (Laurent et al., 1974). Les aires corticales sont excitées par l'intermédiaire de relais situés au niveau des noyaux intralaminaires du thalamus. Le générateur pontique envoie également des influences excitatrices au niveau du système oculomoteur controlatéral (Cespuglio et al., 1975a).

Les cibles de l'activité PGO et le couplage sélection-programmation

Des enregistrements par microélectrodes chroniques au cours du SP, en corrélation avec l'enregistrement des PGO, ont fourni des données concordantes concernant la plupart des structures corticales et sous-corticales. Ainsi, au niveau sous-cortical, la formation réticulée pontique, mésencéphalique, le noyau rouge, le système pyramidal, etc., présentent une activité unitaire en corrélation étroite avec l'activité PGO.

Au niveau du cortex visuel du chat, 40 % des neurones sont sous la dépendance directe, ou indirecte, de l'activité PGO (voir références *in* Steriade et Hobson, 1976). Les interneurones Golgi type II apparaissent comme des cibles spécifiques de l'activité PGO au niveau du cortex. Ils sont, en effet, silencieux au cours de l'éveil, tandis qu'ils présentent une activité de haute fréquence, contemporaine de l'activité PGO (Stériade, 1978).

Programmation génétique des récepteurs postsynaptiques des cibles sélectives de l'activité PGO

Il n'existe encore aucune donnée directe concernant la possible synthèse de récepteurs avant le SP et leur possible « stabilisation » au cours de celui-ci. Certains résultats sont indirectement en faveur de l'existence d'une synthèse protéique dépendant du SP. D'une part, une protéine de poids moléculaire élevé apparaît dans le cerveau lorsque le SP est rétabli après injection de 5HTP chez un animal rendu insomniaque par l'injection préalable de P. chlorophénylalanine (Bobillier et al., 1973). D'autre part, le chloramphénicol a une action inhibitrice remarquable sur le SP. Il le supprime à forte dose (Petitjean et al., 1979), tandis qu'à faible dose il provoque un *découplage* entre l'activité PGO issue du générateur pontique et les réponses multiunitaires postsynaptiques de nombreuses structures cérébrales (Drucker-Colin et al., 1979). Étant donné que le chloramphénicol peut inhiber la synthèse de récepteurs postsynaptiques (Ramirez, 1973), il apparaît possible que le découplage observé (suppression ou diminution relative de l'activité unitaire en rapport avec l'activité PGO) soit dû à l'inhibition de la synthèse des récepteurs génétiquement programmés au niveau des cellules cibles. En ce cas, en effet, l'activité PGO ne peut plus entraîner les systèmes neuronaux commandés par les interneurones. Elle n'est plus que du « bruit » sans signification envahissant un cerveau dépourvu des récepteurs capables de lui fournir un programme : *un rêve vide* (voir ci-dessous).

Les aspects synchroniques de la programmation

Les *patterns* ou structures d'occurrence de l'activité PGO défient toute classification, bien qu'un modèle semi-markovien ait été réalisé chez le chat par Chouvet (1981) [1]. Il

1. $$EY = \frac{(- \text{Log } R'x\ (x = 0) + \text{Log } \Sigma\ 1 + E\ (S))}{E\ (S)}$$

n'est pas possible ici de s'étendre sur les difficultés et les résultats de ces analyses. Très brièvement, le « codage » de l'activité PGO semble être constitué par deux processus différents. Le processus primaire (PGO isolé) est soumis à une distribution de Poisson. Il représenterait l'activité automatique du générateur pontique. Le processus secondaire est semi-markovien. Il exprimerait la réponse d'interneurones du système oculomoteur et contiendrait déjà une part de l'expression de la programmation génétique car il est dépendant du premier processus. Il est en effet possible de modifier considérablement les *patterns* de l'activité PGO au cours du SP par décortication (Jouvet, 1962).

Pour cette raison, il est plus facile d'étudier les aspects synchroniques de la programmation au niveau d'effecteurs mis en jeu par les récepteurs génétiquement programmés et excités par le processus stochastique primaire. Chez l'animal (ou l'homme), cela n'est possible qu'au niveau des mouvements oculaires (qui sont les seuls effecteurs moteurs non inhibés au cours du SP). Les résultats obtenus chez des souris de deux souches génétiquement « pures » (BALB/C et C57BR) révèlent des structures d'occurrence fort différentes, tandis que l'analyse des hybrides de la première génération et les répartitions exprimées sur les croisements en retour (Back Gross) confirment l'existence d'un déterminisme génétique de type dominant pour la souche BR (Cespuglio et al., 1975b ; Chouvet, 1981). Chez deux sous-espèces de babouins (Papio Papio et Papio hamadryas), Bert (1975) a également décrit une organisation différente des *patterns* d'activité PGO. Enfin, chez l'homme, Chouvet et al. (1983) ont observé des variations interindividuelles considérables dans l'organisation temporelle des mouvements oculaires du SP chez 10 hommes adultes jeunes non apparentés alors que chez 6 paires de jumeaux homozygotes l'organisation était similaire.

En résumé, les résultats de l'analyse des mouvements oculaires du SP chez des souches de souris génétiquement pures et chez des jumeaux homozygotes humains sont en faveur d'une composante génétique. Cependant, les modalités d'occurrence *(patterns)* des mouvements oculaires ne permettent pas de deviner le type de comportement qui est programmé au cours du SP.

C'est pourquoi l'étude de la réponse de tous les effecteurs moteurs, qui sont normalement paralysés au cours du SP, a été entreprise. La délimitation des systèmes responsables de l'inhibition motrice au cours du SP a permis ainsi d'étudier, chez le chat, la résultante motrice de la « programmation » au cours du SP qui s'extériorise au cours du comportement onirique.

Le comportement onirique

L'inhibition totale du tonus musculaire, qui survient au cours du SP, est due à un mécanisme inhibiteur commandé par la partie médiane du locus coeruleus α dans le tegmentum pontique dorso-latéral. Des influences descendantes inhibitrices, agissant par le relais de la formation réticulée bulbaire (noyau magnocellulaire), descendent dans la moelle épinière. Elles sont responsables de l'inhibition pré- et postsynaptique des motoneurones et entraînent une atonie généralisée (voir revue *in* Chase and Morales, 1985). C'est en supprimant l'inhibition du tonus musculaire qui entre en jeu au cours du SP qu'il est devenu possible de répertorier l'« éthologie » du répertoire des comportements oniriques (Jouvet et Delorme, 1965 ; Henley et Morrison, 1969 ; Sastre et Jouvet, 1979). En effet, le locus coeruleus α qui est responsable de l'inhibition du tonus musculaire a une localisation proche, mais différente, du générateur des PGO. Il est ainsi possible de le détruire, par coagulation ou par la seule lésion des corps cellulaires, grâce à l'injection *in situ* d'acide iboténique, chez le chat, sans altérer l'activité du générateur PGO. Ainsi, la destruction bilatérale du locus coeruleus α ou des voies qui en sont issues au niveau du pont est suivie par l'apparition de comportements moteurs stéréotypés au cours du SP. Alors qu'il n'y a aucune modification du comportement au cours de l'éveil, ou du sommeil à ondes lentes, le début du SP s'accompagne d'une augmentation du tonus musculaire : le chat endormi relève alors la tête. Il va « suivre » ensuite quelque objet inconnu dans sa cage et pourra même l'attaquer. D'autres fois, il peut présenter des comportements de rage ou de fuite...

L'analyse éthologique de ces comportements n'a pas permis de retrouver d'enchaînement stéréotypé typique et invariant. *Chaque animal possède son propre répertoire.* Un chat présentera chaque jour 60 % de comportement d'agression, alors que chez l'autre ce comportement sera presque absent, tandis que le comportement de toilette (sans but décernable) l'emportera. La faim ou la soif n'augmente pas les quantités respectives de comportement d'attaque ou de boisson.

Il est fort probable que l'activité PGO est à la base de ces comportements puisqu'elle est toujours présente, dans ses processus primaire et secondaire, mais sa complexité a défié tout essai de corrélation avec les différents répertoires. Le chloramphénicol, à faible dose, diminue considérablement les stéréotypes des comportements oniriques (Aguilar-Roblero et al., 1984). Le chat reste immobile, figé dans un « SP vide de rêves », tandis que l'activité PGO est constituée presque exclusivement par les processus primaires (PGO isolé) et que l'activité multi-unitaire du tronc cérébral, résultant de l'excitation des récepteurs postsynaptiques, diminue considérablement.

En résumé, il est possible d'objectiver, au cours du SP chez le chat, des programmes de comportement « spontané », indépendant de l'environnement. L'organisation de ces programmes est caractéristique de chaque animal. Ces programmes disparaissent par administration d'inhibiteurs de la synthèse protéique qui peuvent inhiber la synthèse de récepteurs postsynaptiques. Il n'est pas possible d'effectuer des expériences concernant la génétique du comportement chez le chat, c'est pourquoi il faudra attendre la réalisation de comportements oniriques chez des souris appartenant à différentes souches génétiquement pures. On pourra peut-être alors deviner, en constatant les différences éventuelles de ces comportements dans chaque souche, leur répartition chez les hybrides et les croisements en retour, sur quels chromosomes se situent le ou les gênes qui sélectionnent les cibles de l'activité PGO.

Le contrôle des afférences au cours du SP

Ce phénomène est bien connu et ne s'observe qu'au cours de l'attention (ou de la distraction au cours de l'éveil) et au cours du SP. Il disparaît au cours du sommeil lent. Une diminution des réponses évoquées thalamiques ou corticales a, en effet, été constatée au niveau des systèmes somesthésiques, auditifs et visuels (voir revue *in* Pompeiano, 1970). Il est probable que ce contrôle centrifuge est responsable de l'augmentation importante du seuil d'éveil observé au cours du SP. Le mécanisme intime de ce contrôle est encore inconnu. Il ne peut donc pas être supprimé. Il est donc impossible de vérifier l'hypothèse du rapport signal-bruit que nous avons exposé plus haut. Par exemple, la suppression du contrôle centrifuge modifie-t-elle le processus secondaire de l'activité PGO et sa traduction au niveau des comportements oniriques ?

Le sommeil comme gardien et condition de l'apparition du sommeil paradoxal

S'endormir signifie pour un animal que certaines conditions éco-éthologiques ont été réalisées : absence de danger externe (prédateurs) ou internes (douleur), c'est-à-dire absence de mise en jeu des systèmes d'éveil. Il existe ainsi une relation significative entre la quantité de SP (et donc du sommeil) et des facteurs de sécurité (Allison et Cicchetti, 1976). Le sommeil est donc le gardien du SP, un processus potentiellement dangereux pour la survie de l'individu du fait de l'augmentation du seuil d'éveil et de l'atonie des principaux muscles.

L'apparition circadienne du sommeil à ondes lentes signifie également que les conditions d'environnement sont voisines de la neutralité thermique (27°C). Le métabolisme basal est alors diminué et les processus mis en jeu au cours du sommeil lent vont progressivement diminuer la température cérébrale, la consommation de glucose et d'oxygène, tandis que des réserves énergétiques s'accumulent sous forme de glycogène au niveau des cellules gliales (voir revue *in* Giuditta, 1984). En même temps, l'activité des systèmes d'éveil (histaminergiques, catécholaminergiques, sérotonergiques, etc.) va diminuer, préparant l'ensemble des conditions suffisantes à l'apparition du SP. Certaines de ces conditions semblent mettre en jeu des processus énergétiques.

Le SP s'accompagne, en effet, d'une consommation de glucose au moins égale à celle de l'éveil, comme l'ont révélé les études avec le déoxyglucose ou la caméra à positrons (Ramm and Frost, 1983 ; Frank et al., 1987). Il est probable, bien que cela n'ait pas encore été vérifié, qu'il existe également une augmentation de la consommation d'oxygène. Le SP est en effet *sélectivement* supprimé par l'hypoxie (qui peut augmenter le sommeil lent et/ou l'éveil-Baker and McGinty, 1979). Ainsi, l'utilisation du glucose et donc du pyruvate s'effectue par la voie aérobie du cycle de Krebs. Or cette voie est nécessaire à la synthèse de l'acétyl CoA indispensable à la synthèse de l'acétylcholine (voir Gibson and Shimada, 1980). Selon cette hypothèse, ce serait la pyruvate déshydrogénase (PDH) qui régulerait la synthèse de l'acétylcholine. Cette enzyme peut être périodiquement activée ou inactivée par le niveau du potentiel Redox et/ou par l'intermédiaire de différents peptides (prolactine – insuline – etc. ; voir revue *in* Wieland, 1983). La PDH pourrait alors jouer un rôle important, sans doute non exclusif, dans le déterminisme de la périodicité du SP. Il est intéressant de constater que les neurones cholinergiques du pont et du bulbe (dont certains sont responsables du SP) sont particulièrement riches en PDH (Milner et al., 1987).

En conclusion, le sommeil à ondes lentes prépare les conditions suffisantes à l'apparition du SP selon plusieurs modalités. Son apparition témoigne à la fois de l'absence d'excitation des systèmes d'éveil et d'une température ambiante proche de la neutralité permettant la réduction du métabolisme, de l'activité sympathique et de la température cérébrale ainsi que la constitution de réserves énergétiques. Ces processus apparaissent nécessaires à la mise en jeu des neurones cholinergiques ponto-bulbaires responsables du SP. Leur activation nécessite l'utilisation du pyruvate par la voie oxydative. Ainsi le SP serait dépendant d'un neurotransmetteur, *l'acétylcholine,* dont la synthèse apparaît la plus étroitement contrôlée par des facteurs énergétiques.

Modalités diachroniques du sommeil paradoxal

Phylogenèse (voir revue *in* Meddis, 1983)

Il n'existe aucune preuve de l'existence de SP chez des vertébrés ectothermes (poissons, amphibiens ou reptiles), alors qu'il est facile de repérer l'alternance activité-repos chez les poissons et les amphibiens et des variations de l'activité électrique cérébrale au cours du sommeil comportemental des reptiles.

Ainsi, le SP ne semble pas exister chez les vertébrés ectothermes, chez qui il persiste une neurogenèse continuelle (voir plus haut).

Le SP existe chez les oiseaux, sous forme de périodes très brèves (5 à 15 secondes), et il ne constitue que 3 à 5 % de la durée totale du sommeil. Il n'existe pas encore d'étude du sommeil au cours des périodes saisonnières pendant lesquelles une neurogenèse peut exister chez le canari ou le pinson. L'extrême brièveté des épisodes de SP chez les oiseaux n'a pas encore reçu d'explication. Selon notre hypothèse, les oiseaux représenteraient une classe intermédiaire entre les ectothermes et les mammifères, chez laquelle il pourrait coexister une programmation par neurogenèse et par le SP.

Le SP n'existerait pas chez les monotrèmes (ornithorynque et échidné), alors que le sommeil lent s'accompagne d'une relative hypothermie. Il serait du plus haut intérêt de rechercher s'il existe une neurogenèse continuelle chez ces espèces.

Par contre, le SP existe chez tous les mammifères. Sa période ultradienne est étroitement corrélée avec le métabolisme et le poids du cerveau. La seule exception notable concerne les cétacés (dauphins) chez qui le SP n'a pas encore été mis en évidence (Mukhametov, 1984).

En résumé, bien que de nombreuses autres hypothèses soient possibles (voir discussion *in* Meddis, 1983), l'évolution du SP au cours de la phylogenèse n'infirme pas l'hypothèse que cet état puisse représenter l'acquisition d'un nouveau mécanisme d'individuation lorsque disparaît la possibilité d'une neurogenèse continuelle.

Ontogenèse

Des enregistrements polygraphiques *in utero* chez des fœtus de cobayes, ou au cours des deux premières semaines après la naissance chez le raton ou le chaton, ont permis de découvrir un état appelé « sommeil agité » ou « sommeil sismique ». Cet état s'accompagne de secousses quasi permanentes des muscles du corps et n'entraîne pas de variations caractéristiques de l'activité corticale par rapport à l'éveil. Il est presque perpétuel lors des premiers jours et n'a pas alors de périodicité évidente (Valatx et al., 1964 ; Jouvet-Mounier et al., 1970). Ce n'est que vers la fin de la deuxième semaine que les signes polygraphiques typiques du SP apparaissent (activation corticale et atonie). La nature du « sommeil sismique » au cours des dix premiers jours post-natals est encore discutée. S'agit-il déjà d'une forme primitive de SP ? Ou s'agit-il de la fin d'un état « embryonnaire » ?

Il semble que la deuxième interprétation soit la plus plausible et que le sommeil sismique accompagne la fin de la neurogenèse. L'apparition de l'activité PGO ne survient, en effet, au niveau thalamo-cortical qu'au cours de la troisième semaine chez le chaton (Adrien et Roffwarg, 1974). D'autre part, il est peu probable que les secousses musculaires du « sommeil sismique » puissent traduire l'activité du générateur ponto-bulbaire du SP. En effet, chez le raton, les secousses des pattes postérieures ne sont pas supprimées par une section totale de la moelle (Adrien – communication personnelle). En outre, il est quasiment impossible de supprimer le « sommeil sismique » chez le raton ou le chaton pendant la première semaine post-natale par des chocs électriques, alors que cette méthode peut supprimer le SP après la deuxième semaine. Enfin, et surtout, les lésions du raphé, ou l'injection de P.chlorophénylalanine, ne suppriment pas le « sommeil sismique » au cours des deux premières semaines, alors que ces interventions suppriment le SP (comme chez l'adulte) après la troisième semaine (Adrien, 1976). Il apparaît ainsi probable que le « sommeil sismique » traduit l'existence de mouvements spontanés, d'origine neurogénique (Hamburger, 1970). Ces mouvements, qui sont constatés chez les *embryons de toute espèce,* seraient contemporains de l'achèvement de la neurogenèse (voir discussion *in* Corner, 1977). Lorsque celle-ci est achevée, au cours de la deuxième semaine, les structures aminergiques et cholinergiques du tronc cérébral et leurs projections thalamo-corticales s'organisent et le SP peut apparaître et constituer une proportion importante du sommeil (40 %).

En résumé, chez le mammifère, l'ontogenèse pré- et post-natale semble s'accompagner de la transition, aux limites incertaines, entre la fin de la programmation génétique par neurogenèse du système nerveux central et l'apparition, d'abord progressive puis rapide, d'un nouveau mode de programmation effectuée par le SP.

La privation de sommeil paradoxal et ses paradoxes

L'une des premières méthodes utilisées pour essayer de connaître la ou les fonctions du SP fut d'essayer de le supprimer par des méthodes instrumentales (Dement, 1960). Ces expériences ont mis en évidence le rebond de SP qui fait suite à sa privation « sélective ». Elles n'ont cependant pas permis de déceler des altérations spécifiques du comportement qui puissent être certainement attribuées à l'absence de SP.

Le rebond de sommeil paradoxal

Il est bien connu que la privation instrumentale de SP (par la méthode de la « piscine », chez le rat ou chez le chat, ou en réveillant un sujet humain dès qu'il présente les premiers signes du SP) est suivie par des phénomènes suivants : d'une part, le « besoin de SP », qui se traduit par l'apparition d'épisodes de SP de plus en plus fréquente (presque chaque minute après une privation de SP de 24 heures chez le chat). D'autre part, le rebond, c'est-à-dire une augmentation relative de la quantité de SP après l'arrêt de la privation. La durée du rebond est proportionnelle à la durée de la suppression et tend à « rembourser » en partie (50 à 80 %) la « dette » de SP qui a été « contractée » pendant la suppression.

Le phénomène du rebond fut d'abord expliqué par l'hypothèse de l'« accumulation » de « facteur(s) onirogène(s) » au cours de la privation. Ceux-ci seraient alors responsables de la « pression » accrue du SP avant d'être « utilisés » au cours du rebond (Dement, 1972 ; Jouvet, 1983). Cette hypothèse a conduit à rechercher, dans le cerveau, ou le liquide céphalo-rachidien, des peptides « onirogènes ». Malgré la multiplicité de facteurs « augmentant » le sommeil, aucun facteur spécifique, responsable du SP, n'a encore été isolé (voir revue *in* Borbely et Tobler, 1989).

L'hypothèse suivante apparaît plus vraisemblable pour expliquer le rebond de SP : celui-ci ne serait pas provoqué par la suppression du SP mais par le « stress », ou le « strain », de la privation qui déclencherait la libération de facteurs hypothalamiques et/ou hypophysaires. Cette hypothèse repose sur les résultats expérimentaux suivants :

– la privation instrumentale, ou pharmacologique, du SP n'est pas suivie de rebond chez certaines souches de souris (Balb/C ; Kitahama et Valatx, 1980),

– la privation de SP par des méthodes non « agressives » (en caressant le chat au début de chaque épisode) n'est pas suivie de rebond (Oniani, 1988),

– le « stress » d'une immobilisation de 2 heures est suivi, chez le rat, par une augmentation importante du SP (Rampin et al., 1990),

– l'élimination des systèmes effecteurs du « stress » supprime le rebond :

– la lésion du noyau arqué, *associée* à une hypophysectomie, supprime le rebond de SP chez le rat tandis que la lésion *isolée* du noyau arqué ou l'hypophysectomie ne le supprime pas (Zhang et al., 1987),

– la privation du SP par chocs électriques chez le chat pontique (avec îlot hypothalamo-hypophysaire *déconnecté* du tronc cérébral) n'est jamais suivie de rebond (Jouvet, 1962).

Il est ainsi fort probable que seules les situations expérimentales capables d'entraîner une « forme particulière de stress », que l'on pourrait baptiser le « strain », soit responsables du rebond. Celui-ci serait induit soit par l'intermédiaire de facteurs hypothalamiques issus du noyau arqué – par exemple des peptides dépendant de la pro-opiomélano-cortine comme le CLIP (Chastrette et Cespuglio, 1985) –, soit par l'intermédiaire direct, ou indirect, de facteurs hypophysaires encore inconnus. On peut ainsi supposer que le « strain » de la privation instrumentale de SP puisse induire d'importantes altérations au niveau de certains systèmes néo- ou paléocorticaux. Ceux-ci, à leur tour, peuvent contrôler les mécanismes hypothalamiques ou hypophysaires du « stress ». Il a été en effet démontré que des « stress neuroniques » (bruit blanc ou flashes de lumière) n'entraînaient pas de libération des facteurs hypothalamo-hypophysaires du « stress » si l'aire corticale intéressée est enlevée (Feldman et Conforti, 1985).

Il apparaît donc possible que le rebond de SP soit un mécanisme « cérébrostasique » destiné à rétablir les circuits corticaux altérés par des situations de contrainte imposées à l'organisme et donc non « gratifiantes ».

A cette situation de « stress » ou de contrainte, qui provoque une augmentation compensatrice du SP, il est devenu possible récemment de confronter les résultats inverses obtenus dans des conditions opposées.

Lorsqu'un rat peut choisir lui-même des stimulations centrales éveillantes (et gratifiantes), dans le cas d'« autostimulation » de l'hypothalamus latéral, des éveils continus de dix heures (entraînés par des stimulations effectuées à la fréquence de plusieurs dizaines de fois par minute) *ne sont pas suivis* d'augmentation du SP (Valatx, communication personnelle). On peut donc supposer que, dans ce dernier cas, l'autostimulation n'intéresse que des circuits génétiquement programmés de l'individuation. L'autostimulation pourrait alors remplacer la programmation itérative du SP.

En résumé, selon leur signification pour l'organisme (« punition », contrainte ou récompense), les stimulations épigénétiques, qui provoquent une suppression similaire du SP, entraînent des conséquences opposées. Ainsi, un « stress » d'immobilisation pendant deux heures ou une privation instrumentale de SP est suivi d'une augmentation de SP (rebond). Au contraire, des autostimulations de l'hypothalamus latéral (entraînant un éveil continu de 10 heures) ne sont pas suivies d'augmentation du SP. L'interprétation suivante est proposée : dans le premier cas, les stimulations entraînent des altérations des circuits corticaux, génétiquement programmés, responsables de la source génétique de l'individuation. Ces modifications peuvent déclencher, par des mécanismes hypothalamiques et/ou hypophysaires, une augmentation « compensatrice » du SP destinée à « rétablir » les circuits corticaux de la programmation génétique de l'individuation. Dans le deuxième cas, l'autostimulation mettrait en jeu les circuits génétiques de l'individuation. En assumant ainsi la fonction du SP, elle ne mettrait pas en jeu les mécanismes du rebond.

Le paradoxe de l'absence d'effet de la privation de sommeil paradoxal chez l'homme

Il n'est évidemment pas éthiquement permis de supprimer pharmacologiquement le SP chez un jumeau pour essayer d'apprécier les altérations éventuelles de son individuation psychologique par rapport à son témoin monozygote non traité. C'est sans doute pourquoi le bilan des privations à long terme de SP chez l'homme ne permet pas encore de reconnaître un syndrome qui soit spécifique de cette suppression. Des centaines, sinon des milliers de patients, atteints de narcolepsie ou de dépression, ont été traités pendant plusieurs mois par des inhibiteurs des monoamines oxydases ou des antidépresseurs tricycliques. Ces drogues suppriment totalement ou presque totalement le SP (comme l'ont vérifié de nombreux enregistrements polygraphiques de sommeil – Fisher, 1978). Il n'a pas été constaté de troubles de la mémoire. Quant aux indiscutables changements de l'humeur ou de la personnalité que l'on observe chez les sujets dépressifs, il est difficile de les attribuer seulement à la privation de SP.

Apprentissage et sommeil paradoxal

La littérature concernant le retentissement de la privation de SP sur l'apprentissage contient un nombre similaire de résultats positifs et négatifs (voir revue *in* Vogel, 1975). Si l'augmentation relative du SP, immédiatement après l'apprentissage chez certaines souches de souris, est un fait établi (Lucero, 1970 ; Hennevin et Leconte, 1971 ; Smith et al., 1977), les effets de sa suppression semblent également dépendre essentiellement de la souche considérée – et donc de sa programmation génétique. L'exemple suivant est particulièrement instructif (Kitahama et al., 1981). Les souches C57BR et C57BL/6 ont la même origine génétique (souche C57). Elles présentent la même organisation circadienne du sommeil lent et du SP et des quantités de sommeil identiques. Elles « remboursent » chacune 60 % de leur dette de SP après suppression instrumentale ou pharmacologique. Cependant, ces deux souches ont des comportements différents. C57BR est plus active en espace libre et « apprend » plus vite que C57BL/6 dans un labyrinthe en Y. Ainsi, après trois sessions quotidiennes de quinze essais, le pourcentage de chocs évités est de 70 % chez C57BR alors qu'il n'est que de 15 % chez C57BL/6. La différence phénotypique est donc de 55 % entre les deux souches. Si le SP est supprimé pendant dix heures après chaque session (par méthodes instrumentales ou pharmacologiques), le pourcentage de rétention au troisième jour, chez C57BR, est légèrement diminué (60 %), alors qu'il est très augmenté chez C57BL/6 (45 %). Il n'existe donc qu'une différence de 15 %. D'autre part, alors qu'une privation de SP de 10 heures est sans effet sur l'activité spontanée de C57BR (de 86 % à 82 %), elle augmente l'activité spontanée de C57BL/6 de 65 % à 89 %. Ainsi, des variances phénotypiques de comportement spontané (activité en espace libre), ou d'apprentissage, peuvent être considérablement diminuées par la suppression du SP (voir plus haut).

Ces résultats ne prouvent pas, bien sûr, que le SP soit

responsable de la programmation génétique itérative, responsable de la variance phénotypique entre les deux souches C57 (dont chaque individu est la copie de l'autre), car la privation de SP peut agir par d'autres processus. Cependant, de tels résultats permettent de supposer qu'il est illusoire de tester les effets de la privation de SP sur une population génétiquement hétérogène puisque chaque individu pourra réagir de façon différente.

« Comportements instinctifs » et sommeil paradoxal

Dans un article précédent (Jouvet, 1978), nous avions émis l'hypothèse que le SP pouvait contribuer à programmer certains comportements instinctifs spécifiques de l'espèce (voir aussi IV). Les comportements oniriques du chat ressemblent, en effet, aux comportements stéréotypés d'aguets, d'attaque ou de fuite, de l'espèce féline. Le comportement onirique, sans objet, ressemble ainsi au jeu. Ce qui paraît confirmer l'hypothèse de Piaget selon laquelle le rêve serait un jeu intérieur du cerveau (voir Tissot, 1984). Cependant, cette hypothèse ne nous semble plus plausible pour les raisons suivantes :

1) Les comportements instinctifs du nouveau-né (tétée, approche de la mamelle), qui seraient les seuls comportements « instinctifs » de l'homme, doivent être programmés essentiellement par l'organisation structurelle dépendant de la neurogenèse du cerveau et ne nécessitent pas de programmation itérative puisque chez les nouveau-nés immatures ils peuvent précéder l'apparition du véritable SP (voir plus haut).

2) Il suffit d'observer des chatons en train de jouer pour constater que leurs jeux au cours de l'éveil peuvent fort bien servir progressivement à adapter et perfectionner les comportements de guet, d'approche, d'attaque et de fuite (pourquoi alors un jeu onirique s'il y a déjà un jeu éveillé ?).

3) La très grande variabilité de répertoire de comportement onirique d'un animal à l'autre, et sa constance chez

le même animal, ne permettent pas de supposer que c'est le comportement typologique de l'espèce qui soit programmé – mais bien au contraire sa variabilité phénotypique.

4) Enfin, il nous a été impossible, par suppression instrumentale ou pharmacologique de SP, de supprimer, chez de jeunes rates vierges et impubères, le comportement maternel déclenché par la présentation de ratons nouveau-nés (Olivo, communication personnelle).

Évolution et sommeil paradoxal

Un des concepts essentiels de l'évolution est la reconnaissance formelle de la variabilité intraspécifique (l'individu), en opposition avec le concept typologique de l'espèce. Cette variabilité s'explique fort bien par des mécanismes génétiques pour les caractères somatiques. Pourquoi ne pas la prendre alors en considération au niveau des processus psychologiques, comme l'a bien remarqué Mayr (1958) :

« Le caractère universel de la variabilité génétique est un fait significatif non seulement pour le morphologiste mais aussi pour le comportementaliste. Il est faux de parler de singe, comme il est faux de parler de singe rhésus... Le temps est venu de mettre l'accent sur l'existence des différences génétiques dans le comportement... On a décrit des différences individuelles frappantes en étudiant les relations entre les prédateurs et leurs proies, les réactions des oiseaux au mimétisme ou aux colorations d'alerte, la façon dont les primates prennent soin de leurs bébés, et le comportement maternel des rats. Les observateurs s'accordent généralement à penser que la plupart de ces différences individuelles ne sont pas affectées par l'expérience, mais restent pour l'essentiel constantes durant toute la vie de l'individu. Une telle variabilité est du plus grand intérêt pour l'évolutionniste, et on peut espérer que la psychologie expérimentale y prêtera plus d'attention que par le passé... »

La théorie que nous avons résumée dans cet article est la réponse d'un neurophysiologiste au souhait exprimé par Mayr au moment où fut découvert le sommeil paradoxal, cette énigme du fonctionnement du cerveau.

Conclusion

Trente années de recherches sur le rêve ou l'effondrement des paradigmes

Un soir d'avril 1970, à la fin du congrès annuel de l'Association for Psychophysiological Study of Sleep (APSS) qui avait lieu à Santa Fe (Nouveau-Mexique), j'eus l'occasion de participer à une réunion avec une dizaine d'amis engagés depuis 1960 dans la recherche des mécanismes du sommeil et des rêves. Le but de cette réunion « informelle » était d'établir le bilan de nos recherches au cours de la décennie 1960-1970 et de tenter quelques prédictions pour la période 1970-1990.

Le bilan d'abord

Les années soixante avaient été particulièrement fécondes : un troisième état de fonctionnement du cerveau avait été individualisé et il correspondait, très probablement, à l'activité onirique.

Le rêve devenait ainsi un processus physiologique et nous pensions que les méthodes de la neurophysiologie allaient nous permettre de résoudre le mystère de ses mécanismes et donc de sa (ou de ses) fonction(s).

Nous savions déjà où, dans le tronc cérébral, se logeait la machinerie onirique et nous supposions que l'électrophysiologie allait nous permettre de comprendre comment cette machine venait exciter périodiquement le cortex cérébral au cours du sommeil.

Les grandes lignes de l'évolution ontogénétique et phylogénétique du sommeil paradoxal venaient d'être tracées. Bien sûr, l'ornithorynque représentait un mystère puisqu'il ne rêvait pas, mais ce jeu de la nature ne renversait pas l'ordre que nous apercevions à travers l'évolution, c'est-à-dire l'apparition d'une possible « fonction onirique » à partir des oiseaux et chez tous les mammifères, donc chez les homéothermes.

La neuropharmacologie (aidée par le développement récent de la psychopharmacologie) nous avait appris qu'il était possible de supprimer sélectivement le rêve avec de nouvelles molécules (comme les inhibiteurs des monoamines oxydases). C'est ainsi que s'entrouvrait la porte des monoamines cérébrales (catécholamines et indolamines) qui devrait peut-être nous livrer le mystère de l'alternance des trois états du cerveau (éveil-sommeil-rêve). Et, comme certains d'entre nous le pensaient, pourquoi les catécholamines ne seraient-elles pas responsables de l'éveil et du rêve alors que la sérotonine serait responsable du sommeil !

La neurophysiologie humide (celle des neurotransmetteurs) allait donc sans doute bientôt l'emporter sur la vieille neurophysiologie sèche (l'électrophysiologie).

Enfin, au cours des années 80, de nombreuses expériences de privation de sommeil paradoxal (ou de rêves chez l'homme) avaient été réalisées. Nous avions donc appris que ces privations étaient suivies d'un « rebond de sommeil paradoxal », dont l'intensité était fonction de la durée de la privation. Il semblait donc exister d'une part une « dette » et d'autre part un « remboursement », tandis que l'intensité du rebond faisait évoquer la métaphore d'une « pression liquidienne » (REM pressure). C'est ainsi qu'à la fin des années soixante apparurent les deux concepts suivants : d'une part, le sommeil paradoxal où le rêve devait assurer une fonction importante puisque des mécanismes homéostasiques semblaient compenser ensuite son absence. Malheureusement, si cette fonction était importante, nous ne la connaissions pas encore ! D'autre part, apparut un modèle « hydraulique » de la privation de sommeil paradoxal : celle-ci devait permettre à un facteur « onirogène » de *s'accumuler* dans le liquide céphalo-rachidien. L'augmentation du *REM juice,* comme disait mon ami W. Dement, devait ensuite être responsable du rebond. Nous adoptions le même modèle hydraulique qui servit à Freud et à Lorenz pour expliquer les pulsions. Ainsi, les concepts explicatifs ont également leur ontogenèse, mais ils peuvent parfois retarder l'évolution d'une discipline...

Les prédictions pour 1990

Sans doute gagnés par une douce euphorie induite par une consommation exagérée de whisky ou de gin, nous nous sommes mis d'accord pour voter les prédictions suivantes pour 1990 (le score représente les votes positifs) :

Les mécanismes (7/10) et les fonctions (6/10) du sommeil seraient connus.

Les mécanismes du déclenchement périodique de l'activité onirique seraient connus et le ou les facteurs onirogènes découverts (8/10). Par contre, aucun de nous (0/10) ne pensait que nous puissions arriver à expliquer en termes neuronaux l'imagerie fantastique des rêves ni la conscience de l'éveil.

La connaissance des mécanismes du sommeil paradoxal devrait nous amener à découvrir sa fonction (ou ses fonctions) (7/10) ou, pour certains, son absence totale de fonction (3/10) !

Nous aurions enfin découvert des drogues permettant soit d'induire à volonté le sommeil physiologique et de le prolonger (8/10), soit de provoquer des éveils de bonne qualité de plusieurs jours. Dans ce dernier cas, ces drogues devaient être différentes des amphétamines de façon à n'induire ni tolérance ni aucune dépendance (6/10).

Vingt années ont passé. Nous ne sommes plus que sept et nous sommes restés amis. Notre société, l'APSS, a changé de nom mais pas de sigle. Elle est devenue l'Association of Professional Sleep Societies. Le domaine du sommeil a été envahi par la « médecine du sommeil ». L'étude des ronflements (les apnées au cours du sommeil) ou de l'impuissance (avez-vous, ou non, une érection au cours de vos rêves ?) est devenue une spécialité fort profitable. En bref, notre monde a bien changé. Et nos prédictions ?

Les mécanismes du sommeil restent obscurs, même si nous comprenons depuis peu comment les ondes cérébrales deviennent synchrones ou lentes au fur et à mesure que le sommeil devient plus profond.

Nous commençons à comprendre comment l'horloge circadienne endogène (située au niveau des noyaux suprachiasmatiques) peut contrôler notre éveil et notre sommeil grâce à des facteurs véhiculés dans le liquide céphalorachidien.

Nous ignorons enfin toujours le pourquoi du sommeil, même si nous devinons que c'est au niveau des mécanismes énergétiques cérébraux qu'il faut aller le chercher...

Les mécanismes des systèmes exécutifs du sommeil paradoxal (c'est-à-dire des orchestres de neurones qui jouent la partition onirique sous l'influence du chef d'orchestre invisible de l'activité PGO) sont mieux connus. Nous connaissons même le comment du comment au niveau de certains systèmes. L'exemple suivant permettra de comprendre cette démarche.

Nous savons, depuis 1959, que le sommeil paradoxal s'accompagne d'une atonie totale. Celle-ci fut alors attribuée, selon le paradigme « réticulaire » de l'époque, à la mise en jeu de la formation réticulée bulbaire inhibitrice. Peu à peu les étapes anatomiques, puis immuno-histochimiques, de ce système furent découvertes. La commande au niveau du pont, le faisceau ponto-bulbaire, le système bulbo-spinal. Ensuite, la machinerie biochimique de chaque système fut précisée : cholinoceptive pour le premier étage, encore inconnue pour le deuxième, glycinergique pour le dernier. Enfin, il a été vérifié que l'atonie musculaire s'accompagne bien, comme on pouvait le prévoir depuis trente ans, d'une hyperpolarisation des motoneurones α sous l'influence de la glycine.

Où en sommes-nous en ce qui concerne la machine périodique : l'horloge ou le pacemaker ultradien des rêves ? De ce côté, les progrès ont été beaucoup plus lents. La période de ce pacemaker est en rapport étroit avec le poids de l'animal, le poids de son cerveau et son métabolisme : ainsi, la période d'une souris est de dix minutes, celle du chat vingt-quatre minutes, de l'homme quatre-vingt-dix minutes, de l'éléphant cent quatre-vingts minutes. Fort bien, répondent les sceptiques, mais c'est la même chose pour le rythme cardiaque et respiratoire ! Cependant, nous avons découvert depuis peu comment faire varier la période du pacemaker (qui était considérée comme invariante car liée à l'espèce) et deviné sa régulation par des facteurs peptidergiques qui peuvent l'accélérer ou la ralentir. Depuis peu, nous pouvons également agir à son niveau en faisant varier certains aspects énergétiques du cerveau. Nous suspectons enfin que les pacemakers sont peut-être multiples. Peut-être, si nous connaissions tous les « comment » des pacemakers ultradiens, cela nous apporterait une partie du pourquoi, mais nous n'en sommes pas encore là.

Et le facteur « onirogène », le *REM juice*, que prévoyait le modèle hydraulique du rebond de sommeil paradoxal ? Nous en avons d'abord trouvé un (le VIP, *vaso active intestinal peptide*), puis deux. Il y en a dix maintenant.

Autant dire qu'il n'y en a pas et que le modèle hydraulique était trompeur.

Le rebond de sommeil paradoxal, qui fait suite à sa privation, n'est pas en effet provoqué par l'augmentation d'un hypothétique facteur onirogène mais par de nombreux facteurs hypothalamo-hypophysaires qui sont libérés au cours du « stress » de la privation. Ainsi, chaque événement anxiogène de notre vie éveillée peut mettre en jeu, par des processus que nous commençons à comprendre, une cascade d'événements qui, après l'apparition du sommeil, viendront augmenter la durée des premiers rêves de la nuit.

Avons-nous trouvé une fonction à l'activité onirique ou au sommeil paradoxal ? La réponse est négative (voir VII et VIII). Ce n'est pas par manque d'hypothèses mais, au cours de ces vingt années, nous avons appris à manier les médicaments destinés à traiter les hypersomnies, surtout la narcolepsie, et les dépressions. La majorité de ces drogues (inhibiteurs des monoamines oxydases, antidépresseurs tricycliques) suppriment complètement les rêves (sur le plan subjectif et objectif des enregistrements de sommeil). Certains sujets peuvent ainsi mener une vie entièrement normale, sans trouble de la mémoire, pendant des semaines ou des mois, malgré la suppression totale de leur sommeil paradoxal.

Les pharmacologues n'ont pas encore découvert de drogues permettant d'induire ou de prolonger le sommeil physiologique. Bien sûr, il est facile de s'endormir rapidement en absorbant des benzodiazépines. Bientôt, surviendra la tolérance, puis la dépendance, puis l'insomnie qui fait suite à leur arrêt.

Ce n'est qu'au niveau de l'éveil que des progrès importants sont survenus depuis vingt ans. La découverte de molécules dites eugrégoriques (Adrafinil-Modafinil), qui procurent un éveil de bonne qualité (*eu* = bon, *gregor* = éveil), a permis en effet de renoncer aux amphétamines dans le traitement de la majorité des hypersomnies. Ces médicaments n'entraînent ni tolérance, ni dépendance et une meilleure connaissance de leur mécanisme d'action éveillante devrait nous permettre bientôt de mieux connaître les mécanismes de l'éveil.

Ainsi, dans l'ensemble, nous sommes loin d'avoir atteint les objectifs que nous nous étions fixés en 1970. Il est bien facile de comprendre pourquoi *a posteriori.*

Le jeu de prospectives que nous avions tenté en 1970 avait, comme toute tentative pour deviner l'avenir, très peu de chances de réussir. Nul ne peut, au niveau des systèmes complexes, prévoir ce qui se passera dans quelques mois ou quelques années. C'est pourquoi, sur le plan politique, économique et scientifique, ceux qui prévoient l'avenir ont ensuite le plus grand mal à expliquer pourquoi les choses ne se sont pas passées comme ils l'avaient prévu !

Les deux processus suivants, constructeurs et destructeurs, liés de façon dialectique, sont venus contrarier la belle courbe du progrès des connaissances de l'activité onirique que nous avions extrapolée à partir des données accumulées au cours des années soixante.

Les processus constructeurs

Les neurosciences ont suivi, avec vingt ans de retard, le développement exponentiel de la biologie moléculaire.

En 1970, nous connaissions cinq ou six neurotransmetteurs « respectables » capables d'expliquer le fonctionnement « intégré » du cerveau. Il en existe maintenant près de cent (dont une bonne quinzaine font partie du « jet set » des neurotransmetteurs respectables).

De nouvelles techniques, de plus en plus fines, sont apparues. Il est devenu possible d'inactiver ou de stimuler seulement les corps cellulaires (depuis 1983). Tous les résultats des expériences réalisées avant 1983 par destructions électrolytiques (qui lèsent à la fois les corps cellulaires *et* les voies axonales de passage) sont devenues suspectes ou caduques. Cependant, les « expériences de la nature » en pathologie cérébrale humaine (lésions traumatiques, hémorragiques, tumeurs) détruisent à la fois les corps cellulaires et les voies axonales. C'est pourquoi la neurophysiologie expérimentale fut si triomphante avant 1983 : elle pouvait reproduire et expliquer les comas, ou les insomnies, de la pathologie humaine. La valeur diagnostique topographique d'une lésion cérébrale est souvent due à la lésion *associée* des corps cellulaires et des voies, mais elle ne permet pas souvent d'en inférer le fonctionnement. C'est tout le problème des localisationnistes et des non-localisationnistes.

De nouveaux acteurs sont apparus sur la scène cérébrale. La glie (névroglie) dont on commence à deviner le rôle capital dans les processus énergétiques cérébraux. Sait-on que *seule* la glie corticale possède des récepteurs β-adrénergiques, alors que de nombreux schémas du fonctionnement cortical ont attribué ces récepteurs aux seules cellules nerveuses ?

Enfin, le cerveau est une machine qui consomme beaucoup d'énergie et de glucose. C'est également une machine qui commande et dépend de l'organisme en entier. Deux expériences, parmi beaucoup d'autres, peuvent faire comprendre la complexité de ces régulations.

L'ambiance thermique, dite neutre, est de 27°C chez la plupart des mammifères (à 27°C, l'organisme et donc le cerveau n'utilisent aucune énergie pour se défendre contre le froid ou la chaleur). Placés à 27°C, une souris, un rat ou un chat peuvent présenter une quantité de sommeil et *surtout* de rêves beaucoup plus élevée que si on leur injectait des facteurs « favorisant » le rêve à 24°C.

Une hypothermie progressive centrale (de 37°C à 25°C), que l'on peut réaliser en supprimant de façon réversible ou irréversible les mécanismes centraux de lutte contre le froid, peut entraîner une cascade d'événements surprenants. La durée du sommeil paradoxal va augmenter. Alors, il met en jeu des mécanismes paradoxaux de perte de chaleur (par vasodilatation). La température centrale va donc diminuer. Ainsi, par la mise en jeu de mécanismes « illogiques » de rétroaction positive, une boucle destinée à conserver l'énergie (diminution de température, donc diminution de consommation du glucose) va se mettre en jeu. Chaque période de sommeil paradoxal, de plus en plus longue, contribue à baisser la température centrale, si bien qu'à 25°C le sommeil paradoxal est continu. Les biologistes connaissent bien la loi dite du Q^{10} selon laquelle une baisse de la température centrale de 10°C diminue d'un facteur, de 2 ou 3, les processus biologiques (métabolisme, consommation d'oxygène, fréquence cardiaque et respiratoire). Nous savons comment le sommeil paradoxal diminue la température cérébrale mais nous ne savons pas *pourquoi* la seule activité onirique échappe à la loi du Q^{10} (le Q^{10} de la quantité de sommeil paradoxal entre 35°C et 25°C est en effet de 0,1). A quel niveau la nature se permet-elle de se moquer ainsi des biologistes ?

Les processus destructeurs

Il est bien évident que toute connaissance nouvelle contribue à détruire les concepts fondateurs sur lesquels elle s'est appuyée au départ. C'est pourquoi, comme la ruine et le démantèlement des empires de l'Europe de l'Est, le développement des neurosciences a laissé derrière lui les ruines des fondations sur lesquelles la neurophysiologie du cycle éveil-sommeil s'était établie.

Entre 1950 et 1980, il était « classiquement » admis que la formation réticulée mésencéphalique et/ou l'hypothalamus postérieur étaient responsables de l'éveil (voir IV). Leur destruction, par traumatisme chez l'homme, par lésion électrolytique chez l'animal, était suivie constamment d'un coma prolongé. Or, la destruction des *seuls* corps cellulaires de ces structures n'entraîne *pas* de troubles de l'éveil. Le coma était donc dû à l'interruption des nombreuses voies ascendantes et descendantes venues du tronc cérébral inférieur ou du cortex. On sait maintenant qu'il existe de nombreux systèmes, redondants, reliés entre eux, qui assurent l'éveil. Comment en serait-il autrement puisque des dizaines de millions d'années d'évolution ont contribué à perfectionner les mécanismes et les circuits redondants capables d'assurer l'éveil indispensable à la survie de l'individu et de l'espèce ?

Pendant longtemps, l'enregistrement de l'activité unitaire des cellules nerveuses a constitué l'alpha et l'oméga de la connaissance du cerveau : si tel ou tel groupe de neurones était actif pendant l'éveil et inactif pendant le sommeil ou le rêve, on devait en déduire que ces neurones étaient responsables synchroniquement de l'éveil (ou de certains phénomènes dus à l'éveil). Il n'est pas évident que ce type de raisonnement soit exact. Certains groupes de neurones peuvent fort bien être actifs pendant l'éveil pour induire l'enchaînement en cascade de processus qui conduiront au sommeil et aux rêves.

Ainsi, le neurophysiologiste ne peut même plus faire totalement confiance à l'électrophysiologie. Il lui faut essayer de connaître l'enchaînement diachronique (qui peut durer plusieurs minutes et même une heure) entre la libération d'un neurotransmetteur (la sérotonine, par exemple) et les différents messages post-synaptiques intracellulaires qui conduiront à la mise en jeu d'une boucle de rétroaction menant au sommeil (et donc à l'arrêt de l'activité du système). Ces quelques exemples ont contribué à renverser également certains concepts de causalité sur lesquels s'appuyait la neurophysiologie des années soixante.

La complexité de plus en plus grande de l'organisation cérébrale a rendu caduc le concept de condition nécessaire et suffisante à l'apparition d'un état de vigilance. Ce concept avait réussi à établir le rôle éveillant de la formation réticulaire puisque sa lésion provoquait le coma et sa stimulation provoquait l'éveil. Il n'est plus valable devant l'intrication des innombrables systèmes neuronaux et gliaux responsables du cycle veille-sommeil. C'est pourquoi on tend de plus en plus à admettre que c'est l'ensemble des conditions suffisantes à l'apparition du rêve qui est la véritable cause du rêve. Ainsi, même le concept de causalité est devenu flou.

Le problème des fonctions du rêve

La physiologie est l'étude des fonctions, c'est-à-dire l'étude des mécanismes des « causes finales » – circulation, respiration, nutrition, reproduction, régulation de l'homéostasie liquidienne ou ionique, vision, intégration visuo-motrice, mémoire, apprentissage, etc. Ces processus ont un but fonctionnel évident. Il est donc aisé de recueillir des paramètres qui permettent de s'assurer que la fonction est correctement assurée. Le rôle du physiologiste sera donc de faire varier les « entrées » du système et de comprendre les différentes régulations qui s'exercent. Par exemple, après privation de liquide, quels sont les récepteurs intra- ou extracrâniens qui sont sensibles à l'osmolarité, les signaux qu'ils émettent, la réponse et le point d'impact des systèmes hormonaux de régulation ? Mais le neurophysiologiste qui étudie le rêve n'a ni cause ni fonction. Il ne peut commander l'apparition du sommeil paradoxal et ne peut constater que l'« automatisme » apparent d'un pacemaker pontobulbaire. Les seuls paramètres (durée, quantité de sommeil paradoxal) dont le physiologiste peut disposer sont des quantités aussi étranges que des nombres irrationnels. La fréquence respiratoire a une signification pour l'organisme que connaît le physiologiste. La durée de la période du rêve n'en a encore aucune.

Ainsi, l'hypno-onirologue possède un statut bien particulier au sein des neurosciences. Il sait qu'il n'y a pas de véritable cause au sommeil et aux rêves, mais une constellation de conditions suffisantes qui doivent toutes être présentes. En général, c'est la dernière condition expérimentale qui est tenue pour la cause. Or ce chercheur à la recherche d'une cause est également veuf d'une fonction.

Il nous faut donc bien avouer notre ignorance considérable lorsque nous étudions le sommeil et le rêve. Même si intuitivement nous devinons que l'un des rôles du sommeil est d'économiser l'énergie cérébrale, nous savons aussi qu'il prépare les conditions suffisantes à l'apparition du rêve. Mais pourquoi l'évolution nous a-t-elle construit un cerveau qui périodiquement, au cours du sommeil, est soumis à une machinerie qui délivre des images fantasques, paralyse notre tonus musculaire, supprime la plupart des régulations homéostasiques et déclenche une érection ? Nous connaissons beaucoup de comment sans que cela nous autorise à connaître le pourquoi puisque nous sommes incapables de déceler des modifications évidentes au niveau du comportement, du cerveau ou de l'organisme lorsque nous supprimons durablement le sommeil paradoxal ou le rêve chez l'animal ou chez l'homme. Avons-nous été une génération d'aveugles depuis 1960 ? Et la prochaine génération, aveugle à sa propre cécité, s'étonnera de notre aveuglement.

Bibliographies

II

Benoit, O., *Physiologie du sommeil,* Masson, Paris, 1984.
Dement, W.C., *Dormir, rêver,* Seuil, Paris, 1981.
Jouvet, M., « Le Rêve », *La Recherche,* 1974, 46 : 515-527.
Jouvet, M., « Le comportement onirique », *Pour la Science,* 1979, 25 : 136-152.
Jouvet, M., « Programmation génétique itérative et sommeil paradoxal », *Confrontations psychiatriques* 1986, 27 : 153-181.

V

La traduction française des articles américains est empruntée au travail du docteur Trabach-Valadier, *Les Fonctions du rêve, A propos de la neurobiologie du sommeil paradoxal,* Thèse de Médecine de Lyon, 1988, n° 1750.
La plupart des références bibliographiques peuvent être trouvées dans le livre de Dement (1981).

Dement William C., *Dormir, Rêver,* Seuil, Paris, 1981.
Laberge Stephen P., Nagel Lynn E., Dement William C. et Zarcone Vincent, « Evidence for lucid dreaming during REM sleep », *Sleep Research,* 1981, 10 : 148-181.
Laberge Stephen P., *Lucid dreaming : the power of being awake and aware in your dreams,* Jeremy P. Tarcher Inc., Los Angeles, 1985.
Rechtschaffen Allan, « Dream report and dream experiences », *Exp. Neurol.,* 1967, 19 : 4-15.
Schenck Carlos H., Bundlie Scott R., Ettinger Milton G. and Mahowal Mark W., « Chronic Behavioral Disorders of Human REM Sleep : A New Category of Parasomnia », *Sleep,* 1986, 9, 2 : 293-308.

VII

Adrien J., « Ontogenèse du sommeil chez le mammifère », *in* Benoit O., *Physiologie du Sommeil,* Masson, Paris, pp. 19-29, 1984.
Bloch V., Dubois-Hennevin E. et Leconte P., « Sommeil et mémoire », *La Recherche,* 10, 116 : 1182-1191, 1979.
Bourguignon A., « Neurophysiologie du rêve et théorie psychanalytique », *La Psychiatrie de l'enfant,* PUF, XI, 1, pp. 1-69, 1968.
Crick F. et Mitchison G., « The function of dream sleep », *Nature,* 304 : 111-114, 1983.
Dewan, E.M., « The programing (P) hypothesis for REM », *Physic. Sci. Research Papers,* 388 : 295-307, 1969.
Exner S., *Entwurf zu einer Physiologischen Erklärung der Psychischen Erscheinungen,* Vienne, Deuticke, 1894.
Fisher Ch., « Experimental and clinical approaches to the mind-body problem through recent research in sleep and dreaming », pp. 61-99 in *Psychopharmacology and Psychotherapy : Synthesis or Antithesis ?* Mosenzweig N. and Griscom H. ed., Human Sciences Press, New York, 1978.
Freud S., *La naissance de la psychanalyse (De l'esquisse d'une psychologie scientifique),* PUF, Paris, pp. 313-396, 1986.
Greenberg R. et Pearlman C., « Cutting the REM nerve : an approach to the adaptive function of REM sleep », *Perspect. Biol. Med.,* 17 : 513-521, 1974.
Hennevin E. et Leconte P., « Études des relations entre le sommeil paradoxal et les processus d'acquisition », *Physiol. Behav.,* 18 : 307-319, 1977.
Hopfield J.J., Feinstein D.I. et Palmer R.G., « Unlearning has a stabilizing effect in collective memories », *Nature,* 304 : 158-159, 1983.

Jeannerod M., *Le cerveau-machine : Physiologie de la volonté,* Fayard, Paris, 1983.
Lichtenberg G. C., *Deutsche National Literatur,* vol. 141, pp. 47-89.
McCarley R.W. et Hobson J.A., « The neurobiological origins of psychoanalytic dream theory », *Am. J. Psychiat.,* 134, 11 : 1211-1221, 1977.
Robert W., *Der Traum als Naturnotwendigkeit erklärt,* Hamburg, 1886.
Roffwarg H.P., Muzio J.N. et Dement W.C., « Ontogenetic development of Sleep-Dream cycles », *Science,* 52, 604-619, 1966.
Smith C., « Sleep states and learning ; A review of the animal literature », *Neuroscience and Biobehavioral reviews,* 9 : 157-168, 1985.
Snyder F.M.D., « Toward an evolutionary theory of dreaming », *Amer. J. Psychiat.,* 123, 2, Aug. 1966.
Trabach-Valadier C., *Les fonctions du rêve : à propos de la neurobiologie du sommeil paradoxal,* Thèse de Médecine, Univ. Claude Bernard, Lyon, 1988.

VIII

Adrien J. (1976), « Lesion of the anterior raphe nuclei in the newborn kitten and the effects on sleep », *Brain Res.,* 103 : 579-583.
Adrien J. et Roffwarg H.P. (1974), « The development of unit activity in the lateral geniculate nucleus of the kitten », *Exp. Neurol.,* 43 : 261-275.
Aguilar-Roblero R., Arankowsky G., Drucker-Colin R., Morrison A.R. et Bayon A. (1984), « Reversal of rapid eye movement sleep without atonia by chloramphenicol », *Brain Res.,* 305 : 19-26.
Allison T. et Cicchetti D.V. (1976), « Sleep in mammals : ecological and constitutional correlates », *Science,* 194 : 732-734.
Baker T.L. et McGinty D.J. (1979), « Sleep-waking patterns in hypoxic kittens », *Develop. Psychobiol.,* 12 : 561-575.
Bert J. (1975), « Caractères génériques et caractères spécifiques de l'activité de pointe " ponto-géniculo-occipitale " (PGO) chez deux babouins, Papio hamadryas et Papio papio », *Brain Res.,* 88 : 362-366.
Bobillier P., Froment J.-L., Seguin S. et Jouvet M. (1973), « Effets de la p. chlorophénylalanine et du 5-hydroxytryptophane sur le sommeil et le métabolisme central des monoamines et des protéines chez le chat », *Biochem. Pharmacol.,* 22 : 3077-3090.
Borbely A. et Tobler I. (1989), « Endogenous sleep-promoting substances and sleep regulation », *Physiol. Rev.,* 69 : 605-670.

Bouchard T.J. (1984), « Twins reared together and apart : what they tell us about human diversity », *Proceedings of the Liberty Fund Confer. on Chemical and Biological Bases for Individuality and Determinism,* S.W. Fox (ed.), Plenum Press, New York, 147-184.

Bouchard T.J., Lykken D.T., McGue M., Segal et Tellegen A. (1990), « Sources of human psychological differences : the Minnesota study of twins reared apart », *Science,* 250 : 223-229.

Bovet D., Bovet-Nitti E. et Oliverio A. (1969), « Genetic aspects of learning and memory in mice », *Science,* 163 : 139-149.

Campbell J.H. et Zimmermann E.G. (1982), « Automodulation of genes : a proposed mechanism for persisting effects of drugs and hormones in mammals », *Neurobehav. Toxicol. Teratol.,* 4 : 435-440.

Cespuglio R., Laurent J.-P. et Jouvet M. (1975a), « Étude des relations entre l'activité ponto-géniculo-occipitale (PGO) et la motricité oculaire chez le chat sous réserpine », *Brain Res.,* 83 : 319-335.

Cespuglio R., Musolino R., Debilly G., Jouvet M. et Valatx J.-L. (1975b), « Organisation différente des mouvements oculaires rapides du sommeil paradoxal chez deux souches consanguines de souris », *C.R. Acad. Sci.,* Paris, 280 : 2681-2684.

Chase M.H. et Morales F.R. (1985), « Postsynaptic modulation of spinal cord motoneuron membrane potential during sleep », *Brain Mechanisms of Sleep* (D.J. McGinty, A. Morrison, R. Drucker-Colin et P.L. Parmeggiani, eds), Raven Press, New York.

Chastrette N. et Cespuglio R. (1985), « Effets hypnogènes de la des. Acetyl α-MSH et du CLIP (ACTH 18-39) chez le rat », *C.R. Acad. Sci.,* Paris, 301 : 527-530.

Chouvet G. (1981), *Structures d'occurrence des activités phasiques du sommeil paradoxal chez l'animal et chez l'homme,* Thèse Sciences, Université Claude-Bernard, n° 81-34, 350 p.

Chouvet G., Blois R., Debilly G. et Jouvet M. (1983), « La structure d'occurrence des mouvements oculaires rapides du sommeil paradoxal est similaire chez les jumeaux homozygotes », *C.R. Acad. Sci.,* Paris, 296 : 1063-1068.

Corner M.A. (1977), « Sleep and the beginnings of behavior in the animal kingdom. Studies of ultradian motility cycles in early life », *Progr. Neurobiol.,* 8 : 279-296.

Crick F. et Mitchinson G. (1983), « On the function of dream sleep », *Nature,* 304 : 111-114.

Debru C. (1990), *Neurophilosophie du rêve,* Collection Savoir-Sciences, Hermann, Paris, 398 p.

Dement W. (1960), « The effect of dream deprivation », *Science,* 131 : 1705-1707.

Dement W. (1972), « Sleep deprivation and the organization of behavioral states », *Sleep and the maturing nervous system,* C. Clemente, D. Purpura et F. Mayer, eds, Academic Press, New York.

Drucker-Colin R.R., Zamora J., Bernal-Pedraza J. et Sosa B. (1979), « Modification of REM sleep and associated phasic activities by protein synthesis inhibitors », *Exp. neurol.,* 63 : 458-467.

Farbman A.I. (1990), « Olfactory neurogenesis : genetic or environmental controls », *TINS,* 13 : 362-365.

Feldman S. et Conforti N. (1985), « Involvement of the sensory cortex in adrenocortical responses following photic and acoustic stimulation in the rat », *Neurosci. Lett.,* 555 : 249-253.

Fisher C. (1978), « Experimental and clinical approaches to the mind-body problem through recent research in sleep and dreaming », *in* Rosenzweig N. et Griscom H. (eds), *Psychopharmacology and Psychotherapy : Synthesis or antithesis ?,* Human Sciences Press, New York.

Franck G., Salmon E., Poirier R., Sadzot B. et Franco G. (1987), « Étude du métabolisme glucidique cérébral régional chez l'homme, au cours de l'éveil et du sommeil par tomographie à émission de positrons », *Rev. EEG Neurophysiol. clin.,* 17 : 71-7.

Gibson G.E. et Shimada M. (1980), « Studies on the metabolic pathway of the acetyl group for acetylcholine synthesis », *Biochem. Pharmacol.,* 29 : 167-174.

Giuditta A. (1984), « The neurochemical approach to the study of sleep », *Handbook of neurochemistry* (2nd edition), Lajtha A. ed., Plenum Press, New York.

Hamburger V. (1970), « Embryonic motility in vertebrates », *The Neurosciences, Second Study Programm,* F.O. Schmitt ed., The Rockefeller University Press, New York, pp. 141-151.

Hasler A.D. et Scholz A.T. (1983), *Olfactory imprinting and homing in salmon,* Springer Verlag.

Helden C. (1980), « Identical twins reared apart », *Science,* 207 : 1323-1328.

Henley K. et Morrison, A. (1969), « Release of organized behavior during desynchronized sleep in cats with pontine lesion », *Psychophysiology,* 6 : 245.

Hennevin E. et Leconte P. (1971), « La fonction du sommeil paradoxal. Faits et hypothèses », *Ann. Psychol.,* 2 : 489-519.

Hirsch J. (1962), « Individual differences in behavior and their genetic basis », *Roots of Behavior,* E.L. Bliss ed., Harper.

Holder N. et Clarke J.D.W. (1988), « Is there a correlation between continuous neurogenesis and directed axon regeneration in the vertebrate nervous system ? », *TINS,* 11 : 94-99.

Horn G., Rose S.P.R. et Bateson P.P.G. (1973), « Experience and plasticity in the central nervous systems », *Science,* 181 : 506-514.

Jacobson M. (1970), « Development, specification and diversification of neuronal connections », *The Neurosciences, 2nd Study Program,* F.O. Schmitt ed., The Rockefeller University Press, New York, pp. 116-129.

Jouvet M. (1962), « Recherches sur les structures nerveuses et les mécanismes responsables des différentes phases du sommeil physiologique », *Arch. Ital. Biol.,* 100 : 125-206.

Jouvet M. (1978), « Does a genetic programming of the brain occur during paradoxical sleep ? », *Cerebral Correlates of Conscious Experience,* INSERM Symposium 6, P. Buser et A. Buser-Rougeul eds., Elsevier/North-Holland Biomedical Press, Amsterdam, pp. 245-261.

Jouvet M. (1980), « Paradoxical sleep and the nature-nurture controversy. In Adaptive Capabilities of the Nervous System », *Progress in Brain Research,* McConnel, Boer Ronijn Van de Poll et Corner eds, Elsevier, Amsterdam.

Jouvet M. (1983), « Hypnogenic indolamine-dependant factors and paradoxical sleep rebound », *Sleep, 6th Eur. Congr Sleep Res.,* Zurich, Karger, Basel, pp. 2-18.

Jouvet M. (1986), « Programmation génétique itérative et sommeil paradoxal », *Confrontations psychiatriques,* 27 : 153-181.

Jouvet M. et Delorme J.F. (1965), « Locus coeruleus et sommeil paradoxal », *C.R. Soc. Biol.,* 159 : 859-899.

Jouvet-Mounier D., Astic L. et Lacote D. (1970), « Ontogenesis of the states of sleep in rat, cat and guinea-pig during the first post-natal month », *Develop. Psychobiol.,* 2 : 216-239.

Karnovsky M.L., Reich P., Anchors J.M. et Burrows B.L. (1983), « Changes in brain glycogen during slow wave sleep in the rat », *J. Neurochem.,* 41 : 1498-1501.

Kitahama, K. et Valatx J.L. (1980), « Instrumental and pharmacological paradoxical sleep deprivation in mice : strain differences », *Neuropharmacology,* 19 : 529-535.

Kitahama K., Valatx J.L. et Jouvet M. (1981), « Paradoxical sleep deprivation and performance of an active avoidance task : impairment in C57BR mice and no effect in C57BL/6 mice », *Physiol. Behav.,* 27 : 41-50.

Konishi M., Emlen S.T., Ricklefs R.E. et Wingfield J.C. (1989), « Contributions of bird studies to biology », *Science,* 246 : 465-472.

Laurent J.-P., Cespuglio R. et Jouvet M. (1974), « Délimination des voies ascendantes de l'activité ponto-géniculo-occipitale chez le chat », *Brain Res.,* 65 : 29-52.

Lewontin R.C., Rose, S. et Kamin L.J. (1984), *Not in our Genes : Biology, Ideology and Human Nature,* Pantheon, New York.

Lopez-Garcia C., Molowny A., Garcia-Verdugo J.M. et Ferrer I. (1988),

« Delayed post-natal neurogenesis in the cerebral cortex of lizards development », *Brain Res.*, 43 : 167-174.

Lucero M.A. (1970), « Lengthening of REM sleep duration consecutive to learning in the rat », *Brain Res.*, 20 : 319-322.

Matsuzaki M. (1969), « Differential effects of sodium butyrate and physostigmine upon the activities of para-sleep in acute brain stem preparations », *Brain Res.*, 13 : 247-265.

Mayr E. (1958), « Behavior and Systematics », *Behavior and Evolution*, A. Roe et G.G. Simpson ed., Yale University Press, New Haven.

Meddis R. (1983), « The evolution of sleep », *Sleep Mechanisms and Functions in humans and animals. An evolutionary perspective*, A. Mayes, Van Nostrand Reinhold, United Kingdom.

Milner T.A., Aoki C., Sheer K.F., Blass P. et Pickel V.M. (1987), « Light microscopic immunocytochemical localization of pyruvate deshydrogenase complex in rat brain : topographical distribution and relation to cholinergic and catecholaminergic nuclei », *J. Neurosci.*, 7 : 3171-3190.

Mukhametov M. (1984), « Sleep in marine mammals », *in* A. Borbely et J.L. Valatx eds, *Sleep mechanisms*, Berlin Springer Verlag, *Exp. Brain Res.* (Suppl. 8) : 227-238.

Nordeen E.J. et Nordeen K.W. (1990), « Neurogenesis and sensitive periods in avian song learning », *TINS*, 13 : 31-36.

Oniani T.N. ed. (1988), *Neurobiology of sleep-wakefulness cycle*, Metsniereba, Tbilissi, URSS.

Oppenheim R.W. (1985), « Naturally occuring cell death during neural development », *TINS*, 8 : 487-493.

Paton J.A. et Nottebohm F.N. (1984), « Neurons generated in the adult brain are recruited into functional circuits », *Science*, 225 : 1046-1048.

Petitjean F., Buda C., Janin M., David M. et Jouvet M. (1979), « Effets du chloramphenicol sur le sommeil du chat. Comparaison avec le thioamphenicol, l'erythromycine et l'oxytetracycline », *Psychopharmacol.*, 66 : 147-153.

Pompeiano O. (1970), « Mechanism of sensori motor integration during sleep », *Progr. Physiol. Psychol.*, 3 : 1-179.

Ramirez C. (1973), « Synaptic plasma membrane protein synthesis : selective inhibition by chloramphenicol in vivo », *Biochem. Biophys. Res. Commun.*, 50 : 452-458.

Ramm P. et Frost B.J. (1983), « Regional metabolic activity in the rat brain during sleep-wake activity », *Sleep*, 6 : 196-216.

Rampin C., Cespuglio R., Chastrette N. et Jouvet M. (1991), « Immobilisation stress induces a paradoxical sleep rebound in rat », *Neurosci. Lett.*, 126 : 113-118.

Sakai K. (1980), « Some anatomical and physiological properties of pontomesencephalic tegmental neurons with special reference to the PGO waves and postural atonia during paradoxical sleep in the cat », *The Reticular Formation Revisited,* IBRO Monogr. Series, vol. 6, M. Brazier ed., Raven Press, New York.

Sakai K. (1985), « Anatomical and physiological basis of paradoxical sleep », *Brain Mechanisms of Sleep,* D.J. McGinty et al. eds, Raven Press, New York, pp. 111-137.

Sastre J.-P. et Jouvet M. (1979), « Le comportement onirique du chat », *Physiol. Behav.,* 22 : 979-989.

Smith C., Kitahama K., Valatx J.L. et Jouvet M. (1977), « Increased paradovical sleep in mice during acquisition of a shock avoidance task », *Brain Res.,* 77 : 221-230.

Steriade M. (1978), « Cortical long-axoned cells and putative interneurons during the sleep-waking cycle », *Behav. Brain Sci.,* 3 : 465-483.

Steriade M. et Hobson J.A. (1976), « Neuronal activity during the sleep-waking cycle », *Progress in Neurobiology,* vol. 6, G. Kerkut et J.W. Phillis eds, Pergamon Press, New York, pp. 1-376.

Steriade M. et McCarley R.W. (1990), *Brainstem control of wakefulness and sleep,* Plenum Press, New York.

Tissot R. (1984), *Fonction symbolique et psychopathologie,* Masson, Paris, 182 p.

Valatx J.L., Jouvet-Mounier, D. et Jouvet M. (1964), « Évolution électro-encéphalographique des différents états de sommeil chez le chaton », *Electroenceph. clin. Neurophysiol.,* 17 : 218-232.

Vogel G.W. (1975), « A review of REM sleep deprivation », *Arch. Gen. Psychiat.,* 32 : 749-764.

Wieland O.H. (1983), « The mammalian pyruvate deshydrogenase complex : structure and regulation », *Rev. Physiol. Biochem. Pharmacol.,* 96 : 123-170.

Zhang J.X., Valatx J.L. et Jouvet M. (1987), « Absence de rebond de sommeil paradoxal chez des rats hypophysectomisés et traités à la naissance par le glutamate de sodium », *C.R. Acad. Sci.* (Paris), 305 : 605-608.

Table

IMPRIMERIE BRODARD ET TAUPIN À LA FLÈCHE
DÉPÔT LÉGAL MARS 1993. Nº 19609 (6687G-5)

Collection Points

SÉRIE ODILE JACOB

OJ1. Biologie des passions, *par Jean-Didier Vincent*
OJ2. Le Sexe et la Mort, *par Jacques Ruffié*
OJ3. Le Français et les Siècles, *par Claude Hagège*
OJ4. L'Homme agressif, *par Pierre Karli*
OJ5. Le Cœur à l'ouvrage, *par Michel Rocard*
OJ6. Le Non-dit des émotions, *par Claude Olievenstein*
OJ7. C'est de l'homme qu'il s'agit, *par Jean Bernard*
OJ8. Les Artisans de l'hérédité, *par Philippe Kourilsky*
OJ9. De près et de loin, *par Claude Lévi-Strauss et Didier Eribon*
OJ10. Les Indomptables
par Ginette Raimbault et Caroline Eliacheff
OJ11. L'Art de naître, *par Alexandre Minkowski*
OJ12. Les Fureurs de la Terre, *par Claude Allègre*
OJ13. La Diététique du cerveau, *par Jean-Marie Bourre*
OJ14. Les Secrets du gène, *par François Gros*
OJ15. L'Empreinte des sens, *par Jacques Ninio*
OJ16. Pré-ambules, *par Yves Coppens*
OJ17. Que vive la République, *par Régis Debray*
OJ18. L'Attachement, les débuts de la tendresse
par Hubert Montagner
OJ19. L'Illusion psychosomatique, *par Robert Dantzer*
OJ20. Espaces d'une vie, *par Ricardo Bofill*
(en collaboration avec Jean-Louis André)
OJ21. Les Jardiniers de la folie, *par Édouard Zarifian*
OJ22. Matière à pensée
par Jean-Pierre Changeux et Alain Connes
OJ23. Casanova, *par Jean-Didier Vincent*
OJ24. Ce que j'espère, *par Paul Milliez*
OJ25. La Famille incertaine, *par Louis Roussel*
OJ26. L'Ingénierie du vivant, *par François Gros*
OJ27. Gros Temps sur la planète
par Jean-Claude Duplessy et Pierre Morel
OJ28. Le Malheur des autres, *par Bernard Kouchner*
OJ29. L'un est l'autre, *par Elisabeth Badinter*
OJ30. Le Maître des horloges, *par Philippe Delmas*
OJ31. L'Histoire continue, *par Georges Duby*
OJ32. L'Éthique et la Vie, *par France Quéré*
OJ33. L'Autre Europe, *par Jacques Rupnik*
OJ34. Le garçon qui n'arrêtait pas de se laver
par Judith Rapoport
OJ35. Le Sommeil et le Rêve, *par Michel Jouvet*

Aux Éditions Odile Jacob

Marc Abelès, *Jours tranquilles en 89*
Anatole Abragam, *De la physique avant toute chose*
« L'Age de la science » :
n° 1, *Éthique et philosophie politique*
n° 2, *Épistémologie*
n° 3, *La Philosophie et son histoire*
n° 4, *Philosophie de la logique et philosophie du langage*
Éric Albert / Laurent Chneiweiss, *L'Anxiété au quotidien*
Claude Allègre, *Les Fureurs de la terre*
Hubert Aupetit, *La Maladie d'Alzheimer au quotidien*
Robert Axelrod, *Donnant, donnant*
Marie-Frédérique Bacqué, *Le Deuil à vivre*
Elisabeth Badinter, *L'un est l'autre*
XY, de l'identité masculine
Marie-Lise Bargues, *Mal entendre au quotidien*
Michel Baroin, *La Force de l'amour*
Jean-Claude Barreau, *Du bon gouvernement*
Geneviève Barrier, *La Vie entre les mains*
Michèle Barzach, *Le Paravent des égoïsmes*
Étienne-Émile Baulieu, *Génération pilule*
Jean-François Bensahel
La France ou la Souveraineté menacée
Jean Bergeret, *Les Toxicomanes parmi les autres*
Jean Bernard, *C'est de l'homme qu'il s'agit*
Jean-Marie Besson, *La Douleur*
Jean-Paul Binet, *L'Acte chirurgical*
Jacques Blamont, *Vénus dévoilée*
Ricardo Bofill / Jean-Louis André, *Espaces d'une vie*
Catherine Bonnet, *Geste d'amour,*
Les Enfants du secret
Jean-Marie Bourre, *La Diététique du cerveau,*
Les Bonnes Graisses
Alain Braconnier, Éric Albert, *Tout est dans la tête*
Thierry Breton, *La Dimension invisible*
A.-G. Cairns-Smith, *L'Énigme de la vie*
Monique Canto-Sperber, *Les Paradoxes de la connaissance*
Marshall Carter-Tripp / Max J. Skidmore,
La Démocratie américaine
Jill-Patrice Cassuto / Brigitte Reboulot,
La Séropositivité au quotidien
Gérard Chaliand / Jean-Pierre Rageau, *Atlas des diasporas*
Jean-Pierre Changeux / Alain Connes, *Matière à pensée*

Edouard Chevardnadzé, *L'avenir s'écrit liberté*
Laurent Cohen-Tanugi, *La Métamorphose de la démocratie*
Collectif, *Pierre Mendès France et l'Économie*
Colloque des prix Nobel,
Promesses et Menaces à l'aube du XXIe siècle
Yves Coppens, *Pré-ambules*
Michelle Coquillat, *Romans d'amour*
Francis Crick, *Une vie à découvrir*
Catherine Cullen, *Margaret Thatcher, une dame de fer*
François Dagognet, *Corps réfléchis*
Robert Dantzer, *L'Illusion psychosomatique*
Robert Darnton
Dernière Danse sur le Mur (Berlin : 1989-1990),
Gens de lettres, gens du livre
Régis Debray, *Que vive la République,*
Tous azimuts
Philippe Delmas, *Le Maître des Horloges*
Jacques Delors, *Le Nouveau Concert européen*
Alain Devaquet, *L'Amibe et l'Étudiant*
Michel Drancourt, *L'Économie volontaire*
Georges Duby, *L'Histoire continue*
Jean-Claude Duplessy / Pierre Morel
Gros Temps sur la planète
Gerald Edelman, *Biologie de la conscience*
Denis Effighoffer, *L'Entreprise virtuelle*
Caroline Eliacheff, *A corps et à cris*
Claude Fischler, *L'Homnivore*
Jean-Louis Flandrin, *Chronique de Platine*
Jacques de Fouchier, *La Banque et la Vie*
Jacques Fournier, *Le Train, l'Europe et le Service public*
José Frèches, *Voyage au centre du pouvoir*
Uta Frith, *L'Énigme de l'autisme*
René Frydman / Julien Cohen-Solal
Ma grossesse, mon enfant
Jean-Louis Funck-Brentano,
Le Grand Chambardement de la médecine
Max Gallo, *Manifeste pour une fin de siècle obscure,*
La Gauche est morte, vive la Gauche
Pierre Gascar, *Du côté de chez Monsieur Pasteur*
Gilles-Gaston Grange
Essai d'une philosophie du style,
La Mathématique sociale du marquis de Condorcet,
Pour la connaissance philosophique,
La Vérification
André Gauron, *Les Remparts de l'argent*

François Gros, *Les Secrets du gène*,
L'Ingénierie du vivant
François Gros / Gérard Huber,
Vers un anti-destin ? (patrimoine génétique et droits de l'humanité)
Georges Gusdorf, *Les Écritures du moi* (Lignes de vie 1)
Auto-bio-graphie (Lignes de vie 2)
Claude Hagège, *Le français et les siècles*
Claude Hagège, *Le Souffle de la langue*
Joe Haines, *L'Incroyable M. Maxwell*
Jean Hamburger, *Les Belles Imprudences*
John Haugeland, *L'Esprit dans la machine*
Jean Heidmann, *Intelligences extra-terrestres*
Michel Henry, *Du communisme au capitalisme*
Albert Hirsch / Serge Karsenty, *Le Prix de la fumée*
Jacques Hochman / Marc Jeannerod, *Esprit où es-tu?*
Marc Hunter, *Les Jours les plus Lang*
François Jacob, *La Statue intérieure*
Jean Jacques, *L'Imprévu ou la Science des objets trouvés*
Alain Jehan, *La Bronchite chronique au quotidien*
Michel Jouvet, *Le Château des songes*,
Le Sommeil et le Rêve
Pierre Karli, *L'Homme agressif*
Anne de Kervasdoué, *Questions de femmes*,
Jours de femmes au quotidien
Francine Klein, *Apprendre à penser, apprendre à aimer*
Bernard Kouchner, *Le Malheur des autres*
Philippe Kourilsky, *Les Artisans de l'hérédité*
Philippe Laburthe-Tolra, *Le Tombeau du soleil*,
L'Étendard du prophète
Harlan Lane, *Quand l'esprit entend*
Lucien Laubier, *Vingt Mille Vies sous la mer*
Philippe Lazar, *Les Explorateurs de la santé*
André Lebeau, *L'Espace en héritage*
Hervé Le Bras, *Les Trois France*
Xavier Le Pichon, *Kaiko, voyage aux extrémités de la mer*
Claude Lévi-Strauss / Didier Éribon, *De près et de loin*
Jean-Paul Lévy, *Le Pouvoir de guérir*
Claude Lorius, *Glaces de l'Antarctique*
Edward N. Luttwak, *Le Paradoxe de la stratégie*
Edmond Malinvaud, *Voies de la recherche macroéconomique*
René Marteau, *La Sclérose en plaques au quotidien*
Marc Martin, *Trois Siècles de publicité en France*
Zaher Massoud, *Terre vivante*
Jacques Mehler / Emmanuel Dupoux, *Naître humain*
Philippe Meyer, *Le Mythe de Jouvence*

Catherine Milcent, *L'Autisme au quotidien*
Paul Milliez, *Ce que j'espère*
Alexandre Minkowski, *L'Art de naître*
André Miquel, *L'Événement*
André Miquel, Jamel Eddine Bencheikh, *D'Arabie et d'Islam*
Hubert Montagner, *L'Attachement, les débuts de la tendresse*
Hans Moravec, *Une vie après la vie*
Pierre Moscovici / François Hollande, *L'Heure des choix*
Benno Muller-Hill, *Science nazie, science de mort*
Louis Néel, *Un siècle de physique*
Jacques Ninio, *L'Empreinte des sens*
Claude Olievenstein, *Le Non-dit des émotions,*
L'Homme parano
Max Perutz, *La science est-elle nécessaire ?*
Massimo Piatelli Palmarini,
Le Goût des études, ou comment l'acquérir
Diana Pinto, *Entre deux mondes*
Edgard Pisani, *Pour l'Afrique,*
Persiste et signe
Baudouin Prot / Michel de Rosen, *Le Retour du capital*
Ginette Raimbault / Caroline Eliacheff, *Les Indomptables*
Jean-Bernard Raimond, *Le Choix de Gorbatchev*
Judith Rapoport, *Le garçon qui n'arrêtait pas de se laver*
Anne E. Rasa, *La Famille idéale. Vie sociale des mangoustes*
Michel Rocard, *Le Cœur à l'ouvrage*
Jacques Rogé, *Le Mal au ventre au quotidien*
Michel de Rosen / Baudouin Prot, *Le Retour du capital*
Louis Roussel, *La Famille incertaine*
Jacques Ruffié, *Le Sexe et la Mort*
Jacques Rupnik, *L'Autre Europe*
Pascal Salin, *La Vérité sur la monnaie*
Alfred Sauvy, *Aux sources de l'humour*
Evry Schatzman, *La Science menacée*
Francis Schiller, *Paul Broca, explorateur du cerveau*
Petr Skrabanek, James McCormick,
Idées folles, idées fausses en médecine
Manès Sperber, *Et le buisson devint cendre,*
Les Visages de l'Histoire
Christian Stoffaës, *Fins de mondes*
I. F. Stone, *Le Procès Socrate*
Pierre Sudreau, *Au-delà de toutes les frontières*
François Sureau, *L'Indépendance à l'épreuve*
Henri Teissier du Cros, *Louis Armand*
Emmanuel Terray, *Lettres à la fugitive*
Catherine Tobin, *La Schizophrénie au quotidien*

Alain Touraine, *La Parole et le Sang*
Sylvaine Trinh, *Il n'y a pas de modèle japonais*
Jean-Didier Vincent, *Biologie des passions, Casanova, la contagion du plaisir*
Édouard Zarifian, *Les Jardiniers de la folie*
Françoise Zonabend, *La Presqu'île au nucléaire*